Christoph Leitl

CHINA AM ZIEL!
EUROPA AM ENDE?

ecoWIN

2. Auflage
© 2020 Ecowin Verlag bei Benevento Publishing Salzburg – München, eine Marke der Red Bull Media House GmbH, Wals bei Salzburg

Medieninhaber, Verleger und Herausgeber:
Red Bull Media House GmbH
Oberst-Lepperdinger-Straße 11–15
5071 Wals bei Salzburg, Österreich

Satz: MEDIA DESIGN: RIZNER.AT
Umschlaggestaltung: Hauptmann & Kompanie Werbeagentur, Zürich
Grafik Weltkarte: shutterstock.com / dikobraziy
Printed by CPI Books GmbH, Germany
Lektorat: Herbert Lackner
Autorenillustration: Claudia Meitert / carolineseidler.com
ISBN 978-3-7110-0256-3

INHALT

TEIL 1   11

2049   13

Die Bruchlinien   17

Der Corona-Bruch   19

Der Generationen-Bruch   29

Der Governance-Bruch   33

Der Strategie-Bruch   41

Der Wohlstands-Bruch   45

Der Demografie-Bruch   49

Der IQ-Bruch   53

Der Vertrauens-Bruch   59

Der Visionen-Bruch   65

Der Identitäts-Bruch   69

TEIL 2   79

Oder schafft sich Europa neu?   81

1. Unabhängigkeit erlangen!   85

2. Den inneren Zusammenhalt wiederfinden!   89

3. Talente fördern!   97

4. Handlungsfähigkeit herstellen!   103

5. Innovationsführerschaft erlangen!   109

6. Globale Partnerschaften bilden!   117

7. Auf den Mittelstand setzen!   133

8. Lassen wir die Jungen ran!   139

9. Den Governance-Wettbewerb gewinnen!   143

10. Großbritannien bleibt Europa!   149

11. Europa weiterdenken!   155

12. Jetzt Weichen stellen!   165

Epilog   171

Über den Autor   174

»Vor einigen Jahren wurde unser alter Kater schwer krank, zwei Tage und Nächte wurde er mit Infusionen und Injektionen am Leben erhalten. Dann haben wir ihn erlösen lassen. Traurig – aber manchmal gibt es keine andere Lösung.

Der EU geht es wie unserem Kater. Todkrank, Schmerzen, totale Unfähigkeit, nur noch ein Häufchen Elend, das man erlösen müsste. Leider liegt der Patient EU auch in den letzten Zügen. Nur noch ein paar Menschen, die sich persönliche Vorteile erhoffen oder die schon seit Jahren abkassieren, wollen den todkranken Patienten EU noch am Leben erhalten.«

Leserbrief, abgedruckt in der
Kronen Zeitung, 1. Februar 2019

»Heute erleben wir, wie rasch oft all das in Europa Erreichte in den Hintergrund gedrängt wird, wie leichtfertig viele bereit wären, die europäische Gemeinschaft wieder aufzugeben, sich hinter die alten Grenzen zurückzuziehen, in der falschen Annahme, sie hätten unseren heutigen Wohlstand und unsere soziale Sicherheit, unsere wirtschaftlichen Möglichkeiten in Europa und der Welt auch ganz alleine geschafft, wozu es in Wirklichkeit einer jahrzehntelangen Anstrengung Europas bedurft hat. Vor allem auch der Solidarität und der gegenseitigen Hilfe.«

Hugo Portisch in Was jetzt 2011

»Mein literarisches Werk ist in der Sprache, in der ich es geschrieben, zu Asche gebrannt worden, in demselben Lande, wo meine Bücher Millionen Leser sich zu Freunden gemacht. So gehöre ich nirgends mehr hin, überall Fremder und bestenfalls Gast; auch die eigentliche Heimat, die mein Herz sich erwählt, Europa, ist mir verloren, seit es sich zum zweiten Mal selbstmörderisch zerfleischt im Bruderkriege. Wider meinen Willen bin ich Zeuge geworden der furchtbarsten Niederlage der Vernunft und des wildesten Triumphes der Brutalität innerhalb der Chronik der Zeiten … Alle die fahlen Rosse der Apokalypse sind durch mein Leben gestürmt, Revolution und Hungersnot, Geldentwertung und Terror, Epidemien und Emigration; ich habe die großen Massenideologien unter meinen Augen wachsen und sich ausbreiten sehen, den Faschismus in Italien, den Nationalsozialismus in Deutschland, den Bolschewismus in Russland und vor allem jene Erzpest, den Nationalismus, der die Blüte unserer europäischen Kultur vergiftet hat.«

Stefan Zweig in Die Welt von gestern.
Erinnerungen eines Europäers 2019

»Frieden ist nicht selbstverständlich, und wir sollten stolz
darauf sein, dass Europa den Frieden erhält ... Bekämpft mit aller
Kraft den dummen Nationalismus! Es lebe Europa!«
Jean-Claude Juncker in seiner
Abschiedsrede vor dem Europaparlament 2019

»Europa ist wie eine lange Ehe: Die Liebe wird vielleicht
nicht größer als am ersten Tag, aber sie wird tiefer.«
Ursula von der Leyen in ihrer Bewerbungsrede vor
dem Europaparlament 2019

»Europa ist die neue ›Stadt auf einem Berg‹. Die Welt blickt
auf dieses großartige, transnationale Regierungsexperiment und
hofft, von dort Orientierungshilfen für die Menschheit in einer
globalisierten Welt zu finden. Der europäische Traum mit seiner
Inklusivität, Diversität, Lebensqualität, Nachhaltigkeit, spieleri-
scher Entfaltung, mit den universellen Menschenrechten und
den Rechten der Natur sowie dem Frieden gewinnt für eine Ge-
neration, die global vernetzt und zugleich lokal eingebunden ist,
zunehmend an Attraktivität.«
Jeremy Rifkin, Leiter des Instituts The Foundation on
Economic Trends, in *Der Europäische Traum* 2004

»Die Einigung Europas mit den bisherigen Methoden
gleicht dem Versuch, ein Omelette zu backen, ohne die Eier zu
zerschlagen.«
Paul Lacroix, französischer Literat

»Die Einheit Europas war ein Traum von wenigen. Sie wur-
de die Hoffnung für viele. Sie ist heute eine Notwendigkeit für
alle.«
Konrad Adenauer, 1954

»Europa ist die Zukunft, jede andere Politik Vergangenheit.«
Roland Dumas, ehemaliger französischer
Außenminister

»Die Kreativität, der Geist, die Fähigkeit, sich wieder aufzu-
richten und aus eigenen Grenzen hinauszugehen, gehören zur
Seele Europas.«
Papst Franziskus, 2016

TEIL 1

2049

Wir schreiben 2049. China ist am Ziel.

Hundert Jahre nach der Mao-Revolution ist China das politisch, wirtschaftlich und militärisch stärkste Land der Welt.

Es hat daran strategisch gearbeitet und die Welt verblüfft: Mit klarer Zielsetzung, durchdachter Strategie und darauf abgestimmten Maßnahmen wurde das große Ziel erreicht.

Verbliebene Mitbewerber sind die USA und Indien. Sie bilden die Champions League, sie sind die Vorläufer, alle anderen sind Mit- oder Nachläufer.

Aber die Vorläufer bestimmen die Richtung der Welt, richten sie nach ihren Interessen und ihren Werten aus.

China hat aber noch mehr erreicht: Es hat die Competition of Governance, den Wettbewerb der Regierungssysteme, gewonnen. Schon vor drei Jahrzehnten hat China keinen Zweifel daran gelassen, dass es das anstrebt und damit beweisen will, dass sein Modell einer straffen Führung mit raschen Entscheidungen dem sich lähmenden System westlicher Demokratien, insbesondere in Europa, überlegen ist.

Die rasanten Entwicklungen einer sich dramatisch verändernden Welt, die damit einhergehenden Brüche, Verwerfungen und Ängste vor der Zukunft will China mit seiner Art der Führung besser bewältigen als andere.

Aber nicht nur China feiert 2049 ein Hundert-Jahr-Jubiläum:

1949 wurden mit der Gründung des Europarates die Fundamente der europäischen Einigung gelegt.

Der Europarat schuf eine neue europäische Philosophie: Vier Jahre nach dem Ende des fürchterlichsten und barbarischsten aller Kriege bekannte man sich zu Europäischen Menschenrechten, zur Rechtsstaatlichkeit, zur europäischen Kultur und Identität.

Darauf aufgebaut wurde die wohl spannendste Entwicklung der Weltgeschichte: die Einigung Europas.

Nationen, die sich über Jahrhunderte wechselseitig bekämpft hatten, schlossen sich zusammen. Nach den fürchterlichen Erfahrungen im Gegeneinander wollte man im Miteinander eine Zukunft der Freiheit, Demokratie, des Rechtes und des Wohlstandes aufbauen.

Europa ist das Friedensprojekt schlechthin, es wurde im weltweiten Vergleich zum friedlichsten Kontinent und daher mit dem Friedensnobelpreis ausgezeichnet.

Noch etwas einte Europa neben der Friedenssehnsucht: die Angst vor der Bedrohung durch den Kommunismus. Europa war geteilt, die Sowjetunion und die USA standen einander gegenüber – jeweils hochgerüstet und bereit, auf den berühmten »roten Knopf« für den Einsatz von Atomwaffen zu drücken.

Europa lebte in Frieden, aber im Schatten des Schreckens.

Nach dem Fall des Kommunismus und der Berliner Mauer, dem Abbau von Stacheldraht und Grenzminen, dem Abzug der Atomwaffen schien man in Europa am Ziel der Träume: Die mittel- und osteuropäischen Staaten, die sich vom Kommunismus befreit hatten, wurden in die europäische Familie aufgenommen, der Kontinent schien eine glänzende Zukunft vor sich zu haben.

Doch dann kam Sand ins Getriebe, Uneinigkeit und Egoismus gewannen oft die Oberhand über Solidarität. Eigeninteressen standen im Vordergrund, Gesamtinteressen wurden vernachlässigt.

Statt Weiterentwicklung gab es Rückschritt. Nationalismus, Egoismus, Protektionismus, aber auch der Verlust von Gemeinschaftsgefühl, Emotionalität und Identität führten fast zum Ende eines wunderschönen Traumes.

Hat Europa verloren? Verlieren die Europasterne ihren Glanz? Verblassen sie bis zur Unkenntlichkeit?

China zieht davon, Europa schaut zu.

Stars are rising, others falling – folgen die europäischen Sterne diesem Gesetz der Geschichte? Lösen die Cinque Stelle die zwölf Sterne Europas ab?

Wir haben die Wahl: entweder auf der Bühne der Zukunft geeint eine wichtige und positive Rolle zu spielen oder zersplittert zu Statisten degradiert zu werden. Derzeit bewerben wir uns um die Statistenrolle.

Noch sitzen wir im Liegestuhl in der wärmenden Sonne am Strand und schlürfen genüsslich einen Aperol Spritz.

Die Tsunamiwarnungen hören wir nicht. Es geht uns ja gut, was soll das also?

Drei Jahrzehnte später, 2049, werden wir erkennen, welche entscheidende Weichenstellung wir verabsäumt haben, welche Brüche wir nicht erkannt, welche Reaktionen darauf wir versäumt haben.

Dann sind wir aber bereits von der Champions League in die National- beziehungsweise Regionalliga abgestiegen. Nach zwei Jahrtausenden tritt Europa als Key Player ab und überlässt seine Position stärkeren, dynamischeren, erfolgshungrigeren Kontinenten.

2049 ist China am Ziel, Europa am Ende.

DIE BRUCHLINIEN

Die Welt ist voller Bruchlinien. Die gängige Vokabel dafür ist Disruption.

Auch frühere Generationen hatten entscheidende Veränderungen zu bewältigen. Der Unterschied zu heute ist deren Dynamik. Wir haben einfach nicht genug Zeit, um die drängenden Fragen unserer Zeit zu analysieren, Lösungen zu finden und sie umzusetzen.

Diese atemberaubende Geschwindigkeit bringt einen Verlust von Dialogfähigkeit und damit den Verlust von Bindungen, und führt zu Anonymisierung, Egoismus mit all den sich daraus ergebenden ökonomischen, politischen, sozialen und gesellschaftlichen Folgen.

Geänderte Rahmenbedingungen, die diese Dynamik verursachen, müssen wir zur Kenntnis nehmen, in der Technologie, in der Wirtschaft, in der Kommunikation. Drei gewaltige Bruchlinien tun sich auf und Europa steht ihnen hilflos gegenüber. Die ungelöste Flüchtlingskrise, die ökologische Krise und die Coronakrise fallen zeitgleich zusammen. Bruchlinien, deren tektonische Verschiebungen Europa erbeben lassen. Sie sind verbunden mit anderen Bruchlinien, die mit den drei genannten in Zusammenhang stehen und mit ihnen gemeinsam Erschütterungen auslösen, auf die wir Europäer entweder adäquate Lösungen finden oder dem Untergang geweiht sind.

Wie sind diese Bruchlinien bewältigbar? Wie finden wir rasche Antworten auf die Herausforderungen, die uns gestellt sind? Und ist unser System der liberalen Demokratie im Stande, darauf nicht nur Antworten zu finden, sondern diese auch rasch umzusetzen?

Um Gorbatschow zu zitieren: »Wer zu spät kommt, den bestraft das Leben!«.

DER CORONA-BRUCH

Plötzlich war es da, unerwartet, unerkannt, unheimlich: das Coronavirus.

Es verursacht einen massiven, in seinen Auswirkungen nicht absehbaren Bruch. Es zieht die Welt in seinen Bann, fordert unsere Gesundheitssysteme, hinterlässt Verwüstungen in Wirtschaft und Arbeitswelt, bringt Verwerfungen in Schulen, Kultur und Sport und erschüttert unsere gesellschaftlichen Beziehungen. Es fordert unsere staatlichen Budgets und Sozialsysteme. Es bedroht wirtschaftliche Existenzen ebenso wie unsere mentale Verfassung. Experten, Virologen, Ärzte, Politiker und Zukunftsforscher: Allen gemeinsam ist, dass sie nicht wissen, was kommt, aber sicher sind, dass vieles nicht so bleiben wird, wie es war.

Ein skurriler Streit spielte sich zwischen China und den USA ab. Während Donald Trump vom »China-Virus« sprach, unterstellten die Chinesen den USA, die Pandemie verursacht zu haben. Europa als Hauptbetroffener war Zuschauer. Zuschauer? Leider nein. Rückfalltäter! Denn während andere in der Krise selbstverständlich zusammenstanden und versuchten, gemeinsam zu agieren, machte Europa wieder einmal das genaue Gegenteil: Nach dem

Motto »Rette sich wer kann« wurden Grenzen geschlossen, als könnte man damit das Virus aufhalten. Kilometerlange Staus an den Grenzübergängen und Wartezeiten bis zu 40 Stunden waren die Folge, dringend benötigte Güter, insbesondere auch aus dem medizinischen Bereich, konnten nicht an ihren Bestimmungsort gelangen. Ebenso gelangten viele Mitarbeiter nicht zu ihren Arbeitsplätzen in den Betrieben jenseits der Grenze. Und noch viel erschreckender: Manche Länder führten Exportverbote für medizinische und sanitäre Hilfsmittel ein, hoben Zölle ein oder beschlagnahmten gar die Ware. Dies alles erinnerte frappant an das Verhalten von Raubrittern im Mittelalter.

Wieder einmal steht Europa als der große Versager da. In der Flüchtlingskrise kein gemeinsames Konzept, in der Ökologiekrise außer Zielerklärungen keine konkreten Masterpläne, uneins über die Möglichkeiten einer fairen Besteuerung, unfähig zu einer gemeinsamen Außenpolitik im Nahen und Mittleren Osten, vor den Erpressungsversuchen Trumps in die Knie gehend – und nun auch noch das unwürdige Schauspiel europäischer Uneinigkeit in der Coronakrise! Ist es ein Wunder, dass so viele Menschen an Europa zweifeln, manche sogar verzweifeln? Ist es ein Wunder, dass das autokratische, ja diktatorische China von manchen insgeheim bewundert wird, weil das Krisenmanagement dort effektiver erscheint? Und fühlen wir Europäer uns nicht erst recht verhöhnt, wenn eben dieses China, von dem die Krise ausgegangen ist, sich nun als Hilfslieferant anbietet und den betroffenen Ländern Europas zur Seite steht, was mangelnde europäische Solidarität nicht vermocht hatte?

War es nicht ungeheuer beschämend, dass Serbien nach verhängten Exportbeschränkungen europäischer Länder für medizinisches Material einen Hilferuf an China machen musste? Der serbische Präsident Vučić erklärte, die europäische Solidarität sei ein »Ammenmärchen« und China das einzige Land, das Serbien noch helfen könne. Was für ein Eingeständnis von Schwäche und Unfähigkeit!

Zum zweiten Mal innerhalb von zwei Dekaden ist aus dem Reich der Mitte ein Lungenvirus ausgebrochen. Ähnlich wie die von den USA ausgegangene Finanzkrise hat sich diese Gesundheitskrise durch das globale Netzwerk rasant ausgebreitet und zur Pandemie entwickelt. Eine Pandemie, die ein Hauptopfer auserkoren hat – Europa – und die einen Sieger kennt: China. Beim Ausbruch und der Verbreitung des Virus haben die Chinesen blitzartig Spitäler gebaut, Beschränkungen verordnet und Kontrollen der Bevölkerung durchgeführt. Mit Erfolg, denn das Virus wurde eingedämmt und China kehrt zum Alltag zurück, während Europa noch weit davon entfernt ist. Für China wird ein nach wie vor positives Wirtschaftswachstum erwartet, für Europa hingegen eine Rezession. Chinas Wirtschaft ist wiederbelebt, in Europa liegt sie auf der Intensivstation. Weltweite Börseneinbrüche ermöglichen den Chinesen billige Unternehmenskäufe. Sie sind damit für die Zeit nach der Krise bestens aufgestellt. China wird damit noch stärker, der Niedergang der USA beschleunigt sich – und Europa? Bleibt es auf der Strecke? Das Eurobarometer steht auf Sturm!

So wie das Coronavirus vor allem für ältere und geschwächte Menschen gefährlich ist, so ist es auch für das alte und geschwächte Modell Europas lebensgefährlich. Schlagartig wird uns bewusst, was wir ohnedies immer geahnt haben: dass Europa in wichtigen, entscheidenden und dringenden Fällen nicht handlungsfähig ist.

Das Gesundheitswesen ist nationale Kompetenz. Dementsprechend hat die Europäische Union bei den ersten Coronafällen in Italien, später in Spanien, nicht reagieren können, weil die betroffenen Staaten die angebotene EU-Unterstützung abgelehnt haben! Erst die Erklärung zur Pandemie durch die Weltgesundheitsorganisation und die Einsicht vieler Länder, dass man mit nationalen Maßnahmen allein der Krise doch nicht Herr werden kann, ließ den Ruf nach Brüssel erschallen. Wie in jeder Krise, bei der Nationalstaaten mit ihrem Latein am Ende waren, erinnerte man sich an Europa.

Es war Ursula von der Leyen, die Kommissionspräsidentin, die sich hinstellte und sagte, dass die Europäische Union mit allen ihr zu Gebote stehenden Mitteln die Gesundheit der Menschen wiederherstellen und den durch die

Krise betroffenen Betrieben sowie den darin beschäftigten Menschen helfen werde. Sie vernetzte Maßnahmen der Europäischen Kommission mit denen der Europäischen Zentralbank, die für entsprechende Liquidität zu sorgen hat, und der Europäischen Investitionsbank, die Unternehmenshilfen sicherstellen soll. Regeln für Schuldenbegrenzungen und Beschränkungen für staatliche Beihilfen wurden außer Kraft gesetzt – ein bislang einzigartiger Schritt der Union. Die Kommission setzte Prioritäten im EU-Budget, in den Kohäsionsfonds, im Europäischen Sozialfonds und im Europäischen Katastrophenfonds. Sie tat alles, was man in dieser Situation auf der europäischen Ebene tun konnte. So wie Mario Draghi als Chef der Europäischen Zentralbank den Euro dadurch rettete, dass er sagte, ihn mit allen ihm zu Gebote stehenden Mitteln verteidigen zu wollen, so könnte auch Ursula von der Leyen mit einer gleichartigen Haltung und Ansage in dieser Krise erfolgreich sein.

Könnte. Wenn die Nationalstaaten auch mitziehen. Wenn sie europäische Solidarität nicht nur für ihre eigenen nationalen Interessen fordern. Wenn sie ihre Egoismen hintanstellen und den Aufrufen der Europäischen Kommission zur Zusammenarbeit Folge leisten. Diese hat sofort eine Koordinationsstelle eingerichtet, die alle europäischen Maßnahmen mit der nationalen Ebene abstimmen und in Einklang bringen soll. Sie hat die geschlossenen Grenzen für wichtige Güter wieder geöffnet und damit einen Versorgungsinfarkt verhindert. Das ist viel und doch zu wenig. Denn hätte die Europäische Kommission jetzt dieselben Möglichkeiten wie die amerikanische oder die chinesische Regierung und ihre Zentralbanken, könnten wir alle unbesorgter in die Zukunft schauen. Dies ist jedoch nicht der Fall. Europa leidet an einigen Konstruktionsfehlern, die gerade in einer Zeit der Krise besonders offensichtlich und auch schlagend werden. Diese Konstruktionsfehler zu beseitigen – und einige von ihnen sollen in diesem Buch aufgezeigt werden – sollte bei einigermaßen normalen Verhältnissen umgehend angegangen werden. Damit es nicht ein weiteres Mal vorkommt, dass Europa hilflos in den Seilen hängt, jegliche innere Solidarität vermissen lässt und national abgeschottet auf die Hilfe von anderen angewiesen ist. Wenn Jack Ma, einer der erfolgreichsten chinesischen Geschäftsleute, Gründer von Alibaba und damit auch einer der reichsten Menschen der Welt, zwei Millionen Schutzmasken spendiert, ist das einerseits ein Zeichen humanitärer Anteilnahme, andererseits aber auch ein Symbol politischer Überlegenheit. Solche Beispiele sollten uns die Augen öffnen für das, was sich auf der Welt abspielt!

Europa ist aber nicht nur in der Krise gefordert. Die ganz große Herausforderung steht erst bevor. Die Folgen des Virus verursachen exorbitante Schäden. Schäden, die unsere Wirtschaft massiv beeinträchtigen, die Arbeitslosigkeit exorbitant steigen lassen und die öffentlichen Haushalte gewaltig überdehnen werden. Manchen Ländern der Europäischen Union, wie beispielsweise Italien, droht ein Finanzkollaps. Dies abzuwenden ist nicht nur Sache der Italiener, hier ist europäisches Zusammenwirken und gemeinsames Handeln gefordert, um solche Gefahren abzuwenden und damit insgesamt von Europa und uns allen Schaden fernzuhalten. Europa wird sich von der Krise langsamer als andere erholen. Die Amerikaner haben den Vorteil einer starken Binnenkonjunktur und sind von den weltweiten Warenströmen weniger abhängig. Die Chinesen haben den Vorteil, in einer Radikalität Maßnahmen umsetzen zu können, die bei uns nicht denkbar wären.

Damit jedoch noch nicht genug, denn jedem Desaster folgt ein Wiederaufbau. Aber auch der muss finanziert werden. Klar: Vorerst ist es notwendig, die Lecks am Schiff Europa zu stopfen und den Untergang zu vermeiden. Dann aber müssen wir dieses Schiff wieder flott und seetüchtig machen! Wie bewältigen wir die Umstrukturierungskosten von traditionellen industriellen Bereichen, deren Bedeutung abnehmen wird, hin zu neuen Sektoren mit Wachstumspotential? Und was machen wir mit den riesigen Schuldenbergen, die sich jetzt als Folge der Krise vor uns auftürmen?

Vieles wird sich ändern. Die Digitalisierung wird verstärkt Videokonferenzen, Teleworking und E-Learning ermöglichen. Eine ausreichende digitale Infrastruktur wird imstande sein, die Landflucht nicht nur zu stoppen, sondern Arbeiten und Leben im ländlichen Bereich wieder attraktiver machen. Regionales Denken, Handeln und Kooperieren wird im Vordergrund stehen. Die Zeit des immer mehr, immer schneller und immer egozentrischer wird abgelöst werden durch ein einfacheres, nachhaltigeres und ökologisch orientierteres Denken. Hier verknüpfen sich die Megathemen der Europäischen Union, Gesundheit und Ökologie, und vielleicht war das Virus auch ein wichtiger Anstoß zu einer Bewusstseins- und Verhaltensänderung der Menschen in diese Richtung.

Auch das Wertesystem wird sich ändern: Menschliche Begegnungen, größere Anteilnahme am Geschehen in der nahen Umgebung und mehr Denken in Gemeinsamkeiten könnte die Folge sein.

Auch ihre Industriestrategie wird die Europäische Union einer Revision unterziehen müssen. Zu den Schwächen, die diese Krise deutlich gemacht hat, gehört beispielsweise auch die Abhängigkeit Europas von Medikamenten. Die pharmazeutische Industrie ist zu 80 Prozent in Asien angesiedelt. Gesundheitsvorsorge wird in Zukunft zu den strategisch ganz wichtigen Themen zählen.

Wir erleben derzeit aber auch, welch enorme Auswirkungen Unterbrechungen von globalen Lieferketten haben und wie ganze Industriezweige davon getroffen werden. Europa muss also eine gemeinsame Antwort auf diese Bedrohungen finden.

Das zu tun erfordert die ganze Kraft einer europäischen Gemeinschaft. Nationalstaaten sind dabei heillos überfordert. Sie haben das auch am Beginn dieser Krise wieder einmal in besorgniserregender Art und Weise unter Beweis gestellt.

Nur wenn es Europa gelingt, sein gesamtes Arsenal an wirtschaftlichen Waffen einzusetzen und so wie in der Finanz- und Eurokrise notwendige Maßnahmen rasch zu setzen, nur wenn es gelingt, seinen Binnenmarkt nicht zu unterbinden, sondern zu stärken, kann Europa auch diese Krise überwinden. Europa hat leider immer Krisen gebraucht, um vernünftige Schritte nach vorwärts zu machen. So wäre auch diesmal ein entschlossenes und vor allem solidarisches Handeln angesagt.

Als 68er-Student habe ich in den Chor miteingestimmt: »This world has lost its glory, let´s start a brand new story!« Heute würde ich, wesentlich pragmatischer geworden, sagen: »We can work it out!«.

Wo ein Wille ist, ist ein Weg. Ist kein Wille da, dann hat Corona unseren europäischen Abstieg besiegelt. Wenn doch, dann hat auch Corona als Auslöser eines neuen europäischen Aufstiegs seinen Sinn gehabt. Dann hätte uns die Krise stärker gemacht.

Corona can make or break the Union!

»Besuchen Sie Europa, solange es noch steht!« hat die Band Geier Sturzflug getextet. Ich variiere: »Gestalten wir Europa, solange das noch geht!«.

DER GENERATIONEN-BRUCH

Die Jungen demonstrieren. Das ist ihr gutes Recht. Aber wer nimmt ihre Ideen auf, versucht, darauf einzugehen und gemeinsam mit ihnen Lösungsansätze zu entwickeln?

Beispiel London: Eine Million junger Menschen demonstriert gegen den Brexit, die größte Kundgebung in der Geschichte des Vereinigen Königreiches. Und was passiert? Ein Dialog mit den Jungen? Ein Gespräch darüber, welche Erwartungen sie an die Zukunft haben, für die die heute Regierenden eine ungeheure Verantwortung tragen?

Nichts passiert. Im Gegenteil: Jene Kräfte, die in Großbritannien für den Brexit sind, setzten sich bei den Wahlen durch. Die Älteren stimmten mit überwältigender Mehrheit für die Pro-Brexit-Partei, bei den Jungen ist sie klar in der Minderheit.

So rauben sie den Jungen ihre Hoffnungen!

Und wer redet schon mit den Jungen? Die Eltern sind beschäftigt und als Doppelverdiener oft mehr als ausgelastet. Großfamilien früherer Zeiten sind Ausnahmefälle. Schulen sind überfordert. Arbeitsplätze werden zunehmend computerisiert, automatisiert, anonymisiert. Und die Politik bleibt bei ihrer administrierenden Tagesordnung.

Frühere gesellschaftliche Bindungskräfte wie Kirchen, Gemeinden, Vereine und örtliches Zusammenstehen verlieren an Bedeutung. Die Bereitschaft zum Engagement in ehrenamtlichen Vereinen ist zwar noch vorhanden, aber rückläufig. Das Netzwerk menschlicher Begegnungspunkte wird ausgedünnt.

Nicht einmal unsere Bestattungskultur ist von dieser Entwicklung verschont. Der neueste Trend: Entsorgung des Leichnams anstelle eines würdigen Begräbnisses.

Es gibt einen Generationenbruch. Die neuen Generationen richten sich ihre eigene Welt ein. In ihrer Welt der Smartphones, der Tablets, der Selfies und Whatsapp-Vernetzung fühlen sie sich wohl. Sie leben in der Welt von morgen.

Da können viele Ältere nicht mit. Sie fühlen sich als Modernisierungsverlierer.

Das ist eine weltweite Erscheinung, allerdings ist die Gefahr des Verlustes einer Brücke zwischen den Generationen in Europa besonders spürbar. Durch die demografische Vergreisung Europas bildet sich eine strukturelle Mehrheit der Alten über die Jungen. Die Jungen sind tendenziell optimistischer und kreativer, erhalten zur Umsetzung ihrer Ideen und Lebensvorstellungen aber oft keine Chance. Sie wollen vorwärts blicken durch die Windschutzscheibe des Gefährtes Europa, zu viele Ältere schauen in den Rückspiegel.

Während sich die Älteren nach nationalstaatlicher Heimeligkeit zurücksehnen, wollen

Jüngere mehr Weltoffenheit und sind von der Notwendigkeit eines einigen Europas überzeugt.

Andererseits sind gerade den Jüngeren viele der Errungenschaften Europas wie Frieden und Freiheit längst zur Selbstverständlichkeit geworden. Authentische Berichte aus den fürchterlichsten Zeiten der letzten Weltkriege gibt es nicht mehr. Die Erinnerung an schwere Zeiten verblasst, und neuer Nationalismus droht Europa zur leichten Beute seiner inneren und äußeren Gegner zu machen.

Wer baut Brücken zwischen den Generationen? Wer nimmt ihre Sorgen ernst? Wer bezieht die jungen Leute viel stärker in Entscheidungen ein, die diese ja in den kommenden Jahrzehnten betreffen werden?

Meine Generation hat an die Eltern und Großeltern unangenehme Fragen gestellt: Warum habt ihr euch von Hitler verführen lassen? Warum konntet ihr nicht Frieden halten, sondern habt Abermillionen Tote zugelassen? Warum seid ihr den Schalmeientönen der Rattenfänger, des Populismus und der Demagogie erlegen?

Müssen wir uns nun selbst eines Tages fragen lassen: »Warum habt ihr verabsäumt, den ja durchaus erkannten Problemen auch Lösungen entgegenzusetzen?«?

Was habt ihr getan, um dem hilflosen Zugrundegehen von Flüchtlingen zuzusehen, während ihr vollmundig europäische Werte gepredigt habt? Warum habt ihr über die jungen Menschen gelacht, die ihren Klimasorgen Ausdruck verliehen haben? Mag sein, dass dabei in der Ausdrucksweise der eine oder andere Fehler gemacht worden ist, aber war es deswegen unberechtigt? Und was habt ihr getan nach dem Supergau durch die Pandemie, um Vorsorge für die Zukunft zu treffen? Welche Lektionen habt ihr gelernt? Welche Welt habt ihr uns hinterlassen?

Müssen wir uns das alles eines Tages wirklich fragen lassen? Und welche Antworten geben wir dann?

DER GOVERNANCE-BRUCH

Eine Studie hat kürzlich gezeigt, dass zwei Drittel unserer Welt diktatorisch oder autokratisch regiert werden und nur ein Drittel liberaldemokratisch.

Was hat dazu geführt, dass die scheinbar unaufhaltbare Verbreitung der Demokratie plötzlich ins Stocken geriet? Oder anders gefragt: Was macht die autokratischen Systeme so attraktiv, dass sie plötzlich den Trend der Zeit verkörpern?

Ist es die Unfähigkeit, in den Demokratien die Probleme der Zeit zu lösen? Die Autokraten bieten Lösungen, einfache Lösungen, zumeist verbunden mit Projektionen auf äußere Feinde.

Ist es der Mangel an großen Führungspersönlichkeiten in der Demokratie? Wie erbärmlich ist das Schauspiel der ältesten Demokratie der Welt, Großbritannien, im Zusammenhang mit dem Brexit?

Viele europäische Leader machen ihre Sache gut. Aber haben sie auch Kraft für Visionen, strahlen sie noch inneres Feuer aus, das Begeisterung entfacht? Brauchen wir gute und solide Verwalter oder Motivatoren für Zukunftsbilder der nächsten Generationen?

Populisten sind auf dem Vormarsch, und es scheint ihnen niemand etwas entgegenzusetzen.

Verführerisch halten sie uns die süß duftende Giftflasche des Nationalismus entgegen.

Die Wiederkehr des nationalistischen Populismus kommt für viele überraschend. Ein Schlüssel dafür liegt in der Finanz- und Wirtschaftskrise der Jahre 2008/09. Sie brachte nicht nur ökonomische und soziale, sondern auch mentale Erschütterungen und Verwerfungen. Es war eine Vertrauenskrise: Anstelle von Vertrauen entstand Misstrauen, Misstrauen in die Politiker und Parteien, die offensichtlich mit den Veränderungen und den damit verbundenen Herausforderungen nicht fertig wurden. Aber auch Misstrauen in eine internationale Vernetzung, die man zunehmend als Abhängigkeit wahrnahm. Aus dem Wunsch nach globaler Kooperation wurde die Forderung nach nationalem Egoismus.

Die Krise war der Humus für Protestbewegungen, Globalisierungskritiker und Modernisierungsverlierer. Dazu kam das Unbehagen über die eigene verschlechterte Lage wegen der Sparmaßnahmen im Zuge der Budgetsanierungen, die der Finanzkrise folgten. Und was, wenn keine Budgetsanierung, wird nun der Coronakrise folgen? Wir kommen vom Regen in die Traufe!

Praktisch zeitgleich vergrößerte sich bedingt durch internationale Konflikte (wie etwa Syrien, Afghanistan) die Zahl der Asylbewerber und Migranten. Sie mussten nun als Sündenböcke für eigene Ängste herhalten – ein willkommenes Spiel für Populisten! Dazu kam die Furcht vor einer Islamisierung, die eben diese Populisten immer wieder in ihren Parolen weidlich ausnützten. Terroristische Anschläge in vielen Ländern Europas, die ihre Wurzeln in ungelösten internationalen Krisen politischer, sozialer und militärischer Art hatten, waren Wasser auf ihre Mühlen.

Flüchtlingswesen und Terrorismus sowie die damit verbundene Unsicherheit machten plötzlich ein Europa ohne Grenzen vom Segen zur Bedrohung. Man wollte – siehe Brexit – Entscheidungen und Kontrolle auf die nationale Ebene zurückholen.

Die Finanz- und Wirtschaftskrise brachte es mit sich, dass etwa 20 Millionen Menschen in Europa ihren Job verloren und die Jugendarbeitslosigkeit zum Teil dramatisch anstieg.

Europäische Rettungsaktionen zur Sicherung der Gemeinschaftswährung Euro wurden als bloße Hilfestellung für schwächere Länder gesehen. Warum denen helfen, wo doch auch bei uns viele Menschen materielle Einbußen hinnehmen mussten?

Aber Europa hat nicht rational und souverän reagiert. Die Flüchtlingsfrage durch Zwangsquotenzuteilung lösen zu wollen, widerspricht dem Hausverstand. Integration kann man nicht verordnen, man muss dazu motivieren, Anreize setzen und deutlich machen, dass man Menschen mit Asylberechtigung nicht sich selbst überlässt, da man damit oft negative Folgen für die Gesellschaft auslöst. Eine Einbeziehung in die Arbeitswelt ist die wohl beste Möglichkeit dazu: den Betrieben eine Integrationsprämie aus den Überschüssen des Europäischen Sozialfonds zu bezahlen, sie dafür Integrationsarbeit leisten zu lassen und den betroffenen Menschen statt Arbeitslosigkeit samt Transferzahlungen Arbeit und Einkommen zu vermitteln, wäre eine Lösung. Leider hat diese Idee bisher noch keine Resonanz gefunden.

So entstand ein Paradoxon: Die Arbeit der Europäischen Union, die durch enges Zusammenstehen in der Finanz- und Wirtschaftskrise die Gemeinschaftswährung verteidigt und den rundum lauernden Spekulanten den Boden entzogen hat, hat nicht zu erhöhtem Gemeinschaftsbewusstsein, sondern vielmehr zum Rückfall in Partikularbewusstsein geführt. Die europäische Völkerfamilie hat nicht zusammengefunden, sondern ist auseinandergedriftet. Und wenn Großbritannien den Brexit als Erlösung von allem Übel und als Rückkehr zu vergangener Größe sieht, zeigt das die Irrationalitäten unserer Zeit.

Aber auch menschliche Proportionen scheinen immer mehr abhandenzukommen. Der Verlust von Augenmaß und Anstand wird immer deutlicher. Große Unternehmungen installierten schon Compliance-Abteilungen mit Hunderten von Beschäftigten, um keine Fehler zu machen, und werden zunehmend bürokratisch reguliert. Der Verlust von Eigeninitiative und Eigenverantwortung ist die Folge.

Wenn Manager zweistellige Millionenbeträge im Jahr verdienen, kann dies nicht mehr durch höhere Verantwortung oder bessere Leistung argumentiert werden. Schon gar nicht, wenn sie satte Boni erhalten, obwohl ihre Unternehmen massive Verluste eingefahren haben. So geschehen in einer großen deutschen Bank.

Gleichzeitig ist oft das Überhandnehmen der spekulativen gegenüber der realen Wirtschaft festzustellen – wer gebietet dem Einhalt?

Aufgelegte Betrügereien – Stichwort »Dieselgate« – unterminieren das Vertrauen in die Demokratie, weil sie dagegen machtlos ist, und in die soziale Marktwirtschaft, weil sie dem nicht entschieden genug entgegentritt. Wir höhlen damit unser Wertefundament aus. Und unsere Gesellschaft kippt aus dem Gleichgewicht.

Doch wer definiert, was wünschenswert ist? Wer definiert den Rahmen für internationale Konzerne und eine grenzenlose Finanzwirtschaft?

Die soziale Marktwirtschaft war ein perfektes Konzept, solange nationale Wirtschaft und nationale Politik in Verbindung waren. Freier Wettbewerb in einem sozialen Ordnungsrahmen war die Erfolgsformel in der zweiten Hälfte des vergangenen Jahrhunderts.

Heute steht eine mehr oder minder national verbliebene Politik einer mehr oder minder global organisierten Wirtschaft gegenüber. Die Ohnmacht der Politik wird immer deutlicher sichtbar, das Vertrauen der Menschen in sie immer geringer.

Eine begrenzte Politik sieht sich mit einer entgrenzten Wirtschaft konfrontiert. Internationale Finanzhaie bedrohen Demokratie und soziale Marktwirtschaft.

Wir brauchen daher übernationale Agreements. Nicht nur bei uns in Europa, wir brauchen Lösungsplattformen weltweit. Aber die G 20, die zwanzig größten Volkswirtschaften der Welt und damit auch die politisch bedeutendsten, können sich einfach nicht dazu entschließen, Probleme gemeinsam zu lösen, die ein einzelnes Land allein nicht lösen kann. Das Klimaabkommen von Paris war ein gutes Beispiel internationaler Zusammenarbeit, bis es von einem Teilnehmer, den USA, mutwillig zerstört wurde. Einrichtungen wie die Internationale Arbeitsorganisation ILO oder die UNO können ebenfalls nicht wirklich konstruktive Beiträge leisten.

Wer steuert unseren Globus?

Ein Hoffnungsschimmer immerhin: Die G 7, die sieben größten Volkswirtschaften der Welt, haben sich auf ein gemeinsames weltweites faires Besteuerungssystem verständigt. Was daraus wird, bleibt jedoch abzuwarten. Realisten hegen keine allzu großen Hoffnungen.

Die Klimakrise, die Digitalisierung, Artificial Intelligence und dringend notwendige Rahmenbedingungen für neue Technologiefelder sowie die Abwehr finanzwirtschaftlicher Bedrohungen – diese Themen und andere Fragen sollten in internationalen Abkommen behandelt werden.

Wie sehr zeigt uns die Coronakrise, dass internationale Kooperation, Information und gemeinsames Handeln missachtet und sträflich vernachlässigt worden sind. Eine vernetzte Welt ohne politische Netzsteuerung wirft sich selbst aus der Bahn.

Niemand soll sagen, das alles sei überraschend gekommen. Schon im Jahr 2015 hat Bill Gates gemeint, dass die wahrscheinlichsten Zukunftskrisen nicht von Raketen und Nuklearwaffen ausgehen, sondern von einem sich rasant über die Welt verbreitenden Virus. Er war damit nicht nur weitsichtig, sondern hat auch konkrete Vorschläge gemacht, wie dem durch Vorsorge entgegenzuwirken sei. »Bereitet euch vor auf die weltweite Epidemie!« Seine Worte verhallten. Hätten sie nicht durch die G20 aufgegriffen werden sollen?

Wir haben es in der Hand, auf die drängenden Probleme der Gegenwart eine Antwort zu geben. Wenn Europa im Kleinen zeigt, wie man mit Gemeinsamkeit erfolgreich ist, könnte dies ein Vorbild für die Welt sein und vielen Menschen Ängste nehmen. Das gilt auch für den Sicherheitsbereich. Denn religiöser Fundamentalismus, Terrorismus, atomare Bedrohung, Kündigung von Mittelstreckenraketenabkommen, Brandnester politischer Natur im Nahen Osten und vieles andere sind akute Gefahren für uns alle.

Und denken wir weiter – hinaus in den Weltraum: Wäre nicht auch hier eine globale Koordination notwendig? Mit Rahmenbedingungen, die das Weltall nicht nur zu einer Müllansammlung ausgedienter Satelliten oder zum neuen Rüstungsschauplatz machen? Die von reinen Wettläufen zu gemeinsamen Zielsetzungen führen könnten?

Noch einmal: Wer steuert unseren Globus? Wir schauen zu, während die Welt aus den Fugen gerät.

DER STRATEGIE-BRUCH

Das Strategiemodell (West-)Europas nach 1945 war einfach: Wir empfangen amerikanische Wiederaufbauhilfe (Marshallplan) und erschließen dafür den Amerikanern unsere Märkte. Die USA beschützen uns militärisch vor der Bedrohung durch den Kommunismus, dafür begeben wir uns in ein politisches Abhängigkeitsverhältnis.

Das ging so lange gut, wie beide Seiten durch gemeinsame Werte und Interessen miteinander verbunden waren. Aber auch das hat sich dramatisch verändert. Aus einer nach dem Fall des Kommunismus bestehenden weltpolitischen und weltwirtschaftlichen Dominanz des »Westens« ist eine Multipolarität geworden. Aufstrebende Kontinente fordern heraus, neue Technologien unterstützen sie dabei.

Europa sieht mit sieben Prozent Anteil an der Weltbevölkerung sehr klein aus, sogar zusammen mit den USA erreichen wir nur knapp über zehn Prozent. Deutschland und Frankreich haben miteinander ein Zehntel der Einwohner Chinas. Wir geben über 50 Prozent der weltweiten Sozial- und Umweltleistungen aus, doch dieser Anteil ist bedroht.

Noch erbringen wir Europäer über 20 Prozent der Weltwirtschaftsleistungen, aber auch diese Zahl sinkt.

Vor zehn Jahren hatten die USA und Europa gemeinsam einen Welthandelsanteil von zwei Dritteln. Heute liegt er bei 50 Prozent, in zehn Jahren bei einem Drittel. Asien, besonders China, holt mit dramatischer Rasanz auf.

Die USA haben nicht erst seit Trump ihren Interessenschwerpunkt auf sich selbst verlegt. Dem setzen die Europäer nichts entgegen. Sie erleben ohnmächtig, wie sie weiter am amerikanischen Nasenring durch die Weltarena gezogen werden. Ob es der Nahe Osten ist, der Iran oder Russland: Wir hängen im Schlepptau der Amerikaner. Wer nicht pariert, wird von ihnen sanktioniert. Europa spürt Trumps Faust im Nacken.

Die USA werden oft als Weltpolizist bezeichnet. Das sind sie nicht, denn ein Polizist sorgt für Ordnung unter Einhaltung gewisser Spielregeln. Trump hingegen bevorzugt Politik via Twitter, er ist unberechenbar. Die einzige Berechenbarkeit liegt im Unverständnis weltpolitischer und weltwirtschaftlicher Zusammenhänge. Die Werte, für welche die USA einst standen, wurden von Trump über Bord geworfen. Er zerstört, was Amerika groß gemacht hat. Der dadurch verursachte Schaden wird Europa noch teuer zu stehen kommen. Das Beispiel North Stream zeigt, wie aus früherer Partnerschaft heute eine Erpressung auf offener Weltbühne wurde.

Der trumpsche Egoismus, seine Sprunghaftigkeit und Überheblichkeit, verstellen die Gesamtsicht auf die Welt, ihre Entwicklungen und Veränderungen. Gerade die USA haben als Bannerträger für Freiheit und Demokratie auch bei wesentlicher Beachtung eigener Interessen immer auch eine Art Gesamtverantwortung für die Welt praktiziert. Gesamtsicht und Gesamtverantwortung sind weitgehend abhandengekommen. Damit verlieren die USA an Respekt in der Welt, und dieser Respektverlust betrifft den gesamten »Westen«. Frühere Bewunderung schlägt immer öfter in Verachtung um.

Europa ist nicht fähig, seine eigene Sicherheit zu gewährleisten. Seit vielen Jahren wird über eine gemeinsame europäische Außen- und Sicherheitspolitik diskutiert, aber es geschieht nichts. Europa verharrt in seiner Zersplitterung und wird so zur leichten Beute seiner Herausforderer.

Eine Selbstständigkeit Europas auf diesem Gebiet würde eine politische Vertiefung Europas voraussetzen. Dafür gibt es derzeit jedoch weit und breit keinen Ansatz und auch keinen übereinstimmenden Willen.

Im Gegenteil: Nationale Interessen werden über europäische Interessen gestellt, in völliger Verkennung und Unterschätzung der von anderen Kontinenten, insbesondere von Asien, ausgehenden Dynamik. Die Welt hat mobilisiert und Europa kommt unter die Räder. Die Nummer zwei der Weltwirtschaft, die USA, streitet mit der Nummer drei, China. Handels- und Währungskriege schädigen uns alle. Die Nummer eins, Europa, ist nicht einig und daher nicht präsent. Zwei pokern und einer schaut zu.

Handelskriege sind leicht zu beginnen, aber niemals zu gewinnen.

Europa blockiert sich durch das selbst auferlegte Erfordernis der Einstimmigkeit in zentralen politischen Bereichen, deren Resultat Behinderung in der Entwicklung, Verhinderung von Lösungen oder bestenfalls verwaschene oder untaugliche Kompromisse sind.

Die Welt versteht Europa nicht, und die Europäer verstehen die Welt nicht.

In zwanzig Jahren wird kein einziges europäisches Land unter den Top Ten der Weltwirtschaft aufscheinen. Wir sind dann endgültig von der Champions League in die Regionalliga abgestiegen.

Washington und Peking organisieren und dirigieren die Welt.

Nach Jahrtausenden ist Europa willens, von der Weltbühne abzutreten. Der Vorhang fällt.

DER WOHLSTANDS-BRUCH

Wenn wirtschaftliche Leistungsfähigkeit Gradmesser für die Wohlstandsentwicklung ist, müssen wir uns warm anziehen.

Die wirtschaftliche Leistungsfähigkeit und in ihrer Folge auch die politische Bedeutung werden sich global massiv verschieben: von Westen nach Osten. Das bedeutet, dass sich auch der Wohlstand von Westen nach Osten verschiebt. Wir werden in den kommenden Jahren einen Verteilungskampf um den Weltwirtschaftskuchen von bisher ungesehener Härte erleben.

Mit Wachstumsraten von durchschnittlich 6 Prozent pro Jahr wächst China viermal so schnell wie Europa mit 1,5 Prozent. Im Außenhandel lieferte China im Jahr 2018 Waren im Wert von 305 Milliarden Euro nach Europa, die Europäische Union hingegen solche nur im Umfang von 211 Milliarden Euro nach China. Die Hälfte der Weltstahl- und der Weltzementproduktion erfolgt in China. Mit 176 Milliarden Euro an Investitionen in China liegt die EU zwar gegenüber 60 Milliarden Euro chinesischer Investitionsmilliarden in der EU vorne, doch China holt stark auf. Die chinesische Währung Yuan strebt danach, zu einer Weltwährung zu werden. Der Kampf um die Führung in der Weltwirtschaft und damit um die Führung in der Welt wird auch ein Kampf um den weltweiten Wohlstandskuchen werden.

Eine jüngst veröffentlichte Studie von Pricewaterhouse Coopers PwC zu »The World in 2050« zeigt auf, dass China dann unangefochten größte Volkswirtschaft der Welt ist und sogar Indien die USA von Rang zwei verdrängt. Damit verschieben sich die Kraftzentren der Weltwirtschaft nach Asien.

Wir Europäer leisten uns in dieser Situation den Luxus der Zersplitterung. Wir geben ein Bild orientierungsloser Lämmer ab, die bald hungrigen Wölfen zum Opfer fallen werden.

Europa leidet aber auch unter einem internen Wohlstandsbruch. Einige EU-Mitgliedsländer haben ihre Hausaufgaben gemacht, sie erzielen Budgetüberschüsse, machten Strukturreformen, ohne das soziale Niveau ernsthaft zu beeinträchtigen, vereinfachten die Verwaltung, öffnen den Arbeitsmarkt und stellen Weichen für demografisch begründete Pensionsreformen. Mit Budgetüberschüssen reduzieren sie die staatlichen Schulden und gewinnen finanziellen Handlungsspielraum, einen Spielraum, den andere Länder leider nicht haben. Diese Länder guter Bonität zahlen aufgrund einer besseren Einstufung durch die Ratingagenturen niedrigere Zinsen für ihre Staatsschulden, und auch die absolute Höhe der Zinszahlungen ist durch die niedrigen Schulden für sie vorteilhaft.

Andere agieren nicht so überlegt – mit den zu erwartenden Folgen.

Dieser europainterne Bruch macht uns zu schaffen. Vor allem deshalb, weil eine Währungsunion ohne einen gemeinsamen Rahmen einer politischen Union auf Dauer nicht möglich ist. Zu einer engeren politischen Zusammenarbeit in so wichtigen Bereichen wie Wirtschaft, Budget, Steuern und Währung zeigen sich derzeit jedoch keine Ansätze eines Konsenses.

Dazu kommen auch strukturelle Brüche durch die Digitalisierung, die völlig neue Geschäftsmodelle und Wertschöpfungsketten bewirken wird. Der Handel weiß schon heute ein Lied davon zu singen.

Immer neue bürokratische Auflagen beeinträchtigen die Wettbewerbsfähigkeit der Betriebe und machen Investitionen außerhalb Europas attraktiver. Ist uns bewusst, dass heute nur noch 10 bis 20 Prozent unserer Wertschöpfung aus dem Industriesektor kommen?

Die Banken sind dabei, sich selbst zu strangulieren. Ihr bürokratischer Overkill wurde von den USA initiiert, im letzten Moment haben sich die Amerikaner jedoch selbst davon distanziert und die Europäer allein vorgehen lassen. Ein Bankdirektor kann heute nichts mehr gegen seinen Risk Manager samt dem dahinterstehenden Computerprogramm entscheiden, es sei denn, er will eine Gefängnisstrafe wegen Untreue riskieren.

Es bleibt der Tourismus, dessen Akzeptanz in der Bevölkerung zunehmend an Grenzen stößt. Man will Obergrenzen einziehen, kontingentieren. Die Jobs in der Tourismus-Branche werden zunehmend nicht von Einheimischen besetzt, weil sie oft nicht deren Vorstellungen von einer Work-Life-Balance entsprechen.

Andere Kontinente sind hungrig, Europa ist satt. Wir sind an den Grenzen der Wohlstandsgesellschaft angelangt. Die Hälfte der österreichischen Bevölkerung ist der Meinung, dass es der nächsten Generation schlechter gehen wird als der gegenwärtigen. Erstmals ist eine Generation für die nächste nicht optimistisch, sondern pessimistisch. Aber möglicherweise realistisch.

Vielleicht spüren die Menschen den Ansturm auf Europa instinktiv. Sie wollen den Drachen zähmen, wissen aber nicht wie. Sie spüren, dass Trump rücksichtslos auf der Welt herumtrampelt. Und sie spüren die Handlungsunfähigkeit Europas, seine Uneinigkeit, seine Orientierungslosigkeit.

Die Menschen spüren das Abgleiten Europas in die Bedeutungslosigkeit.

DER DEMOGRAFIE-BRUCH

Bis 2049 wächst die Welt auf zehn Milliarden Menschen. Europa jedoch hat sich zum Aussterben entschlossen.

Wir schrumpfen, andere wachsen – zum Teil rasant.

Innerhalb von zwei Jahrzehnten wird Afrika seine Bevölkerungszahl von über einer Milliarde auf über zwei Milliarden steigern.

Aber welche Zukunftsperspektiven haben diese Menschen?

Ein Vergleich mit der Meteorologie sei gestattet: Wenn ein Tiefdruckgebiet von vielen Hochdruckgebieten umgeben ist, was passiert dann? Die Folge ist Sturm! Und dieser Sturm wird in Form neuer Migrationswellen auf uns zukommen.

Die Antwort Europas? Sicherung der Außengrenzen!

Aber bitte nicht durch ein abgestimmtes europäisches Konzept, da könnten ja nationale Souveränitäten betroffen sein!

Just die südeuropäischen Länder lehnen einen gemeinsamen europäischen Außengrenzschutz ab. Das hat damals Kommissionspräsident Jean-Claude Juncker zum empörten Ausruf veranlasst: »Ihr Heuchler! Ihr verlangt Sicherheit von Europa, weigert euch aber, einen Beitrag dazu zu leisten!«

Migration hat aber auch eine innereuropäische Seite. Die Abwanderung meist qualifizierter jüngerer Menschen aus Mittel-, Ost- und Südosteuropa ist dramatisch, ihre Folgen sind beunruhigend. Die Abwanderung trägt zum wirtschaftlichen und sozialen Auseinanderfallen Europas bei, obwohl man doch mit der EU-Osterweiterung auf Erstarken durch gemeinsame Entwicklung gesetzt hat.

In Wahrheit ist die Entwicklung verheerend: 1,5 Millionen Ukrainer wandern nach Polen, 1,5 Millionen Polen wandern nach Großbritannien. Und Großbritannien wandert aus der Europäischen Union.

Übergangsbestimmungen, wie sie andere Länder in Anspruch genommen hatten, wollte man in Großbritannien nicht. Nachher hat man gejammert, Großbritannien habe beim Thema Arbeitskräfte-Wanderung zu viel an Souveränität an Brüssel abgetreten. Und nicht nur das: Man hat auch Ängste vor der Zuwanderung geschürt. Der Verlust von Jobs, Wohnungen und Wohlstand sei deren Folge – ein gefundenes Fressen für die Populisten.

Man unterscheidet dabei nicht mehr zwischen Menschen, die ein Recht auf Schutz haben, weil sie in ihrer Heimat bedroht und verfolgt werden, und Menschen, deren Hilfe wir selbst brauchen, weil sie mithelfen, unseren Wohlstand und unser soziales Netz zu sichern und auszubauen.

Aber Populismus hat sich noch nie durch Differenzierung ausgezeichnet, vernünftige Modelle einer möglichen Integration will er gar nicht finden. Das würde ja das eigene politische Süppchen, das man ständig am Kochen hält, massiv verdünnen!

Wenn es nicht gelingt, einen demografischen Ausgleich zu schaffen und Bildung und Wohlstand auch in anderen Ländern und Kontinenten zu begründen, wird dieses Versäumnis Europa schwer auf den Kopf fallen.

Das spüren die Menschen. Sie fühlen sich alleingelassen mit manchen diffusen Ängsten und Besorgnissen, oft aber auch in realen und konkreten Situationen.

Populisten nützen das aus und setzen damit ihr zerstörerisches Werk in Europa fort.

DER IQ-BRUCH

Auf seine Aus- und Weiterbildung als Basis seiner weltweit erfolgreichen Innovationen war Europa immer stolz. Inzwischen fallen wir dramatisch zurück. Wie viele europäische Universitäten sind in den Top 100 der Welt? Gerade noch drei: Oxford, Cambridge und die ETH Zürich. Also keine Uni aus der Nach-Brexit-EU. In welchen Bereichen der Zukunftstechnologien sind europäische Unternehmen führend? Welche tollen weltweiten Unternehmungen sind in Europa in den letzten zehn Jahren entstanden? Die Antworten sind ernüchternd!

Mehr oder minder achselzuckend nehmen wir zur Kenntnis, dass unter den Top-Ten-Unternehmen der Welt kein einziges aus Europa zu finden ist. Amerikaner (8) und Chinesen (2) füllen die Ränge.

Bei der Artificial Intelligence, einem der Entwicklungsfelder der Zukunft, hinkt Europa drei Jahre hinter den USA und China her. Ich habe mich selbst am MIT in Boston und an der Technischen Universität Peking davon überzeugen lassen, dabei aber auch beobachtet, dass sich China über die ethischen Folgen der neuen Technologien keine Gedanken macht.

Die Europäer sind auf dem Holzweg, wenn sie glauben, sie sollten andere in der Entwicklung vorangehen lassen, um dann selbst irgendwie mitzuschwimmen. Das wird nicht funktionieren. Die Vorläufer bestimmen die Richtung, Mitläufer können das nicht. Und schon gar nicht ist es möglich, die häufig anzutreffende naive Einstellung der Europäer zu verwirklichen, dass andere die Innovationen machen und wir die begleitende Ethik dazu liefern.

Das Reich der Mitte ist auf dem Weg zur Mitte, zur Mitte der Welt. Auf chinesischen Weltkarten ist China schon in der Mitte platziert und Europa an den Rand gedrängt.

China hat eine wohldurchdachte und hochprofessionelle Strategie. Sie nennt sich sehr freundlich »Belt and Road Initiative«. Seidenstraße – klingt sympathisch, ist aber die größte Herausforderung, der sich die Europäer gegenübersehen, ohne die Konsequenzen daraus auch nur einigermaßen abschätzen zu können. Diese harmlos als Seidenstraße bezeichnete Strategie umfasst ein Netzwerk über Asien, Afrika, Russland und Osteuropa, Lateinamerika und Australien.

Europa hat in den Augen von China keinen großen Stellenwert. Man sieht uns – nicht zu Unrecht – als Anhängsel der USA. Die berühmte Frage: »Welche Telefonnummer müssen wir wählen, wenn wir mit Europa ein Problem besprechen wollen?« wird dort oft gestellt. Und wenn ich von Europa erzähle, fragen mich die höflichen Gastgeber, was denn nun europäische Meinung ist. Sie kennen die Meinung Frankreichs und Deutschlands, jene von Großbritannien und Italien, aber keine von Europa.

Eine eigene Bank, Startkapital zehn Milliarden Euro, wurde gegründet, um im Rahmen der »Belt and Road Initiative« Projekte durchzusetzen. In den Kellern der Chinesischen Zentralbank lagern weit über 1 Billion Dollar. Man ist also für Einkaufsreisen und die Besetzung strategisch wichtiger Punkte weltweit bestens aufgestellt. Man sucht Firmen mit Know-how, mit qualifizierten Arbeitskräften und Innovationspotenzial. Man sucht Rohstoffvorkommen und Energiequellen und investiert in Infrastrukturprojekte.

Als China die Spitzen aller afrikanischen Länder zu einer China-Afrika-Konferenz eingeladen hat, sind ihr sämtliche 56 Länder gefolgt. Als die Europäische Union Gleichartiges organisiert hat, ist gerade einmal ein Dutzend gekommen.

Ihre Einkaufstouren legen die Chinesen raffiniert an. Sie machen strategische Punkte ausfindig, investieren dort und finanzieren auch. Über Politik wird nicht diskutiert, allerdings wird vereinbart, dass das betreffende Land nichts gegen die Interessen Chinas unternimmt.

In der Europäischen Union hat es schon Fälle gegeben, bei denen mit Hinweis auf chinesische Interessen eine Zustimmung zu einem EU-Beschluss verweigert wurde. Griechenland und Ungarn hatten gute Gründe dafür: In beiden Ländern sind die Chinesen dabei, kräftig zu investieren. Für Infrastrukturinvestitionen kassieren sie auch noch europäische Förderungen.

In Singapur kann man sich davon überzeugen, wie dort innerhalb von nur 20 Jahren eine technisch-naturwissenschaftliche Universität auf die grüne Wiese gestellt wurde, die in den Weltranglisten eine Topposition einnimmt. Die besten Professoren wurden zu besten Bedingungen angeheuert, die Studierenden haben alle Möglichkeiten, die man sich wünschen kann. Kosten: 800 Millionen Dollar.

Österreichische Wissenschaftler, die in Singapur dabei waren, meinten: Hätten wir dieses Geld, könnten wir das auch auf die Beine stellen.

Dieses Geld hätten wir, wenn wir ein Drittel dessen, was uns die Frühpensionsregelung (Hacklerregelung) pro Jahr kostet, in ein solches Projekt stecken würden. Aber der politische Wille dazu fehlt.

Warum nehmen wir nicht beispielsweise die 200 Millionen Euro, die der Wanderzirkus des Europäischen Parlaments zwischen Brüssel und Straßburg kostet, geben diese den Franzosen und bauen Straßburg mit einem 200-Millionen-Euro-Jahresbudget zu einer Zukunftsinnovationsstätte ersten Ranges aus?

Über diese Idee wird vor Ort wohl müde gelächelt. Weil nicht geändert werden darf, was sich im letzten halben Jahrhundert entwickelt hat. Natürlich ist auch mir die symbolische Bedeutung von Straßburg bewusst. Und diese Symbolik der Versöhnung hat Europa im letzten halben Jahrhundert viel ermöglicht. Aber könnten nun im nächsten halben Jahrhundert nicht Innovation, Wissenschaft und Forschung eine neue Symbolik Europas sein? Was Silicon Valley für die USA, was Shenzhen für China, könnte Straßburg für Europa werden!

Aber wir blockieren und lähmen uns, während der chinesische Drache sich anschickt, die Welt zu überflügeln.

Das wird zwar keinen plötzlichen Zusammenbruch verursachen (was viele der älteren Generation tröstet), aber ein schleichendes, unaufhaltsames Hinscheiden bewirken (was viele in der jungen Generation besorgt macht).

Kürzlich ist *Fortune 500* erschienen. Ein amerikanisches Magazin, das jährlich die 500 größten Unternehmen weltweit auflistet, und diese Liste hat einen mittleren Schock verursacht: Erstmalig sind unter den Top 500 der Welt mehr chinesische als amerikanische Unternehmen angeführt! Längst setzen sie ihre führende Rolle in der Innovation, abzusehen bei den Zahlen der angemeldeten Patente, in wirtschaftliche Stärke um. Und als Draufgabe: Von den zehn größten Banken der Welt belegen die Plätze eins, zwei, drei und vier – erraten – die Chinesen!

Die Welt ändert sich, und wir schauen zu. Die Alarmglocken läuten, sie werden aber nicht gehört.

DER VERTRAUENS-BRUCH

»Meine Mutter ist schwer von Europa enttäuscht. Seit zehn Jahren hat sie 5.000 Euro auf
dem Sparbuch, die sind heute nur mehr
4.000 Euro wert.«

Kaum Guthabenzinsen, dafür mindestens
zwei Prozent Inflation – viele Menschen empfinden dies einfach als Raub.

Zu Recht. Was nach der Finanzkrise 2008/09
für einige Jahre notwendig war, ist zu einer
Dauereinrichtung mutiert: die Zinsen durch ein
Hineinpumpen von Liquidität durch die Europäische Zentralbank so niedrig zu halten, dass
die Staatsbudgets entlastet werden.

Dass diese Entlastungsperiode von den
Staaten meist nicht für notwendige Reformen
genutzt worden ist, steht auf einem anderen
Blatt, ist aber bezeichnend für das Verhalten vieler europäischer Länder. Die meisten haben ihre
Schulden weiter erhöht – billiges Geld war ja
da –, nur wenige (zum Beispiel die Schweiz,
Schweden) haben sie halbiert und sich damit
für die Zukunft gut positioniert.

Draufzahler sind die kleinen Sparer. Und
das erbittert sie zu Recht! Dies umso mehr, als
ihnen die Coronakrise die Hoffnung auf baldige
Besserung genommen hat.

Die Legitimität eines politisch-wirtschaftlichen Systems, in diesem Fall der sozialen Marktwirtschaft, hängt davon ab, ob es von der großen Mehrheit der Menschen als fair empfunden wird.

Ist das bei unserem Wirtschaftssystem noch der Fall? Die Globalisierung unterminiert die politische Handlungsfähigkeit. Weltweit agierende Investmentbanken, Großkonzerne und Giganten der Informationstechnologie treffen Entscheidungen, denen die nationale Politik ohnmächtig ausgeliefert ist. Will die soziale Marktwirtschaft Handlungsfähigkeit und Glaubwürdigkeit zurückerlangen, muss sie sich übernational organisieren und kooperieren. Das Gegenteil ist der Fall.

Ist wenigstens unser Steuersystem noch fair? Größere oder gar weltweit operierende Unternehmen haben viele – leider oft legale – Schlupflöcher entdeckt und zahlen nur einen Bruchteil der Steuern, die kleine und mittlere Unternehmen zahlen. Letztere werden ausgepresst, kontrolliert und oft auch noch schikaniert. Das verbittert sie.

Steigende Steuern und Abgaben haben bei den Beschäftigten zu realen Einkommensverlusten geführt. Sie arbeiten mehr, verdienen mehr, müssen aber einen Großteil des Zusatzverdienstes an den Fiskus abliefern. Sie sind sauer. Man sagt ihnen, dass dies ja eine Vorsorge für Alter und Krankheit sei. Aber man sagt nicht dazu, dass das Gesundheitssystem zunehmende Lücken aufweist und die Pflege- und Betreuungsfrage überhaupt ungelöst ist. Das wird sich noch verschärfen: Wir werden älter, der Aufwand wird mehr, die Finanzierung dafür aber fehlt.

Ein Vertrauenskiller ist die zunehmende Bürokratie. Nicht einmal die Gesetzesmacher, die Abgeordneten der Parlamente, haben noch einen Überblick über das lawinenartige Ansteigen von Regelungen, Vorschriften, Kontrollen und Sanktionen.

Zehntausende gesetzliche Vorschriften existieren in Österreich, Ähnliches trifft auf alle Staaten Europas zu. Allein 25000 sind im Acquis communautaire, der gemeinsamen gesetzlichen Regelung Europas, enthalten.

Kein Wunder, dass Europa oft mit Bürokratie gleichgesetzt wird. Die Konsequenz des bürokratischen Overkills: Lähmung der Institutionen und Gefahr für die Demokratie.

Die Bürokratie ist wie eine Hydra – schlägt man ihr drei Köpfe ab, wachsen zehn neue nach! Die gesetzgebenden Organe haben eine Eigendynamik entwickelt, die geradezu unheimlich, jedenfalls unüberblickbar und kaum mehr praktikabel anwendbar ist.

Bürokratie ist fesselnd, lähmend und verzögernd. Viele Projekte, die sinnvoll und notwendig wären, scheitern daran. Auch dafür wird die Europäische Union verantwortlich gemacht, häufig zu Recht. Lächerliche Kleinigkeiten werden europäisch reglementiert, obwohl dafür die Staaten und Regionen zuständig sein sollten.

Pommes frites, Gurken, Traktorsitze und Krähen sind plakative Beispiele dafür.

Für manche ist die Antwort darauf die Forderung nach Renationalisierung.

Europa sollte für das Große da sein: eine koordinierte Außen- und Sicherheitspolitik oder eine gemeinsame Wirtschafts- und Währungspolitik. Aber weil man auf diesen Feldern nur mühsam weiterkommt, konzentriert man sich mit umso mehr Kraft auf das Kleine – aber nur dort, wo es keine Großen betrifft, wie dies etwa bei der Normierung von Steckern für elektronische Geräte der Fall wäre.

Jean-Claude Juncker hat einen Turnaround versucht. Und darauf verwiesen, dass die von ihm geführte EU-Kommission 25 Prozent weniger Regelungsvorschriften erlassen hat als ihre Vorgängerin. Er hat recht, wenn er sagt, dass viele Regulierungen von den Nationalstaaten gefordert werden, von jenen Nationalstaaten, die sich dann über eben diese Regulierungen beschweren.

Die Europäische Kommission hat sich daher die Vereinfachung der Bürokratie (less but better regulation) als Ziel gesetzt. So weit, so löblich. Doch wie liest sich das im Bericht der Kommission? So: »Daher sollte man darüber nachdenken, warum Vereinfachung häufig kompliziert ist und sich der Aufwand nur mühsam verringern lässt. Es gilt, die Bemühungen zur Quantifizierung von Kosten und Nutzen nicht über eine vernünftige Grenze hinauszutreiben.

Es geht um Vereinfachung, nicht um Quantifizierung als solche. Letztere ist zwar nützlich, sie wird aber häufig dadurch eingeschränkt, dass bestimmte Auswirkungen qualitativer Art sind oder es an der Verfügbarkeit und Belastbarkeit von Daten mangelt. Dieser Aspekt erweist sich als besonders schwierig, wenn man Nutzen zu quantifizieren versucht. Dafür eignen sich qualitative Methoden meist besser.«

Haben Sie das verstanden? Ich nicht. Wo sind die Zeiten, als Kaiserin Maria Theresia den Bürgern geplante Gesetzestexte vorlesen lies, die erst, wenn diese sie verstanden, in Gesetzesform gebracht wurden.

Wenn sich heute viele in der Kommission darüber beschweren, dass sie zu Unrecht als Bürokratenhaufen verschrien sind, dann kann man entgegnen, dass gerade diese mangelnde Einfachheit und Verständlichkeit eine wesentliche Ursache dafür ist.

Der chinesische Staatschef Xi Jinping hat mich gefragt: »Wie lange dauert es in Europa, eine Straße zu bauen?«. Und er gab mir auch gleich die Antwort: »Zwölf Jahre. Zwei Jahre Bauzeit, zehn Jahre Genehmigungsverfahren.«. Da war er noch asiatisch höflich. Meine Antwort war, dass wir als Europäer auch auf betroffene Bürger Rücksicht nehmen und sie in das Verfahren miteinbeziehen.

Dennoch: 10 Jahre, 20 Jahre oder gar 30 Jahre Dauer von Genehmigungsverfahren mit Verzögerungen, Einsprüchen, willkürlichen Verlängerungen von Verfahren – das geht in einer Zeit notwendiger rascher Entscheidungen einfach nicht mehr. Rechtsstaat natürlich ja, aber in effizienter Form, sonst wird er zu erstickender Bürokratie, die Initiativen, Kreativität, Entrepreneurship lähmt.

Im September 2019 ist nach nur vier Jahren Bauzeit der neue internationale Flughafen Peking eröffnet worden – der nach Gebäudefläche größte Airport der Welt. Dieser Mega-Flughafen soll vorerst jährlich 45 Millionen Passagiere abfertigen, später wird er auf 100 Millionen Passagiere ausgelegt werden. Zum Vergleich: Der Berliner Flughafen ist seit 13 Jahren im Bau, der dritten Piste des Wiener Flughafens ist ein jahrelanges Verfahren samt Befassung der Höchstgerichte vorausgegangen.

So viel zum Tempo in Sachen Infrastruktur.

Bürokratie, die lähmt, gefährdet die Demokratie. Und sie gefährdet damit unsere Position im weltweiten Governance-Wettbewerb.

Unendlich lange Genehmigungsverfahren haben nichts mit Rechtsstaatlichkeit zu tun, sondern mit Ineffizienz.

Ineffizienz führt aber in den Untergang.

DER VISIONEN-BRUCH

Europa hat keine Vision mehr. Keine »Story for the future«. Kein Narrativ. Europa hat keine Erzählung, keinen Wunschhorizont, keine perspektivischen Punkte, die über das Hier und Heute hinausreichen.

Die Gründerväter Europas träumten vor sieben Jahrzehnten von Frieden, Freiheit, Demokratie und Wohlstand.

Das haben sie erreicht. Heute machen sich Saturiertheit, Gleichgültigkeit und Egozentrik breit. Stimmt der Spruch, dass die Götter die Menschen dadurch bestrafen, indem sie ihnen ihre Wünsche erfüllen?

Natürlich gibt es Hinweise auf Ursachen dieser Entwicklung. Unser System der sozialen Marktwirtschaft wird von Spekulanten und Steuervermeidern unterminiert, der Mittelstand hingegen trotz Fleiß und Einsatz von Abstiegsängsten geplagt.

Statt eine europäische Sicherheitszone als Beitrag zur Weltsicherheit zu installieren, wie das Michail Gorbatschow vorgeschlagen hatte, befinden wir uns in einem Rückfall in die konfrontative Abgrenzung mit gewaltiger militärischer Aufrüstung. 1.800 Milliarden Dollar werden pro Jahr für militärische Rüstung weltweit ausgegeben, Tendenz steigend!

Zwei Drittel der Welt werden autokratisch regiert, die liberale Demokratie ist auf dem Rückzug. Sie ist auf die drängenden Fragen der Zeit viele Antworten schuldig geblieben, fand keinen emotionalen Zugang zu irrationalen Ängsten vieler Menschen.

Menschen suchen aber Halt, sie wollen, dass man ihnen Wege weist, und sie verlangen auch nach Emotion. Sie wollen Heimat vermittelt bekommen, Gemeinsamkeit und Zusammengehörigkeit erleben – in den Gemeinden, Regionen und in den Vereinen. Sie wollen nicht sich selbst überlassen sein, sondern aktiv in die Entwicklung ihres Gemeinwesens einbezogen werden und Zugehörigkeit verspüren.

Feuerwehren, Musikvereine und Rotes Kreuz zeigen, wie man Idealismus wecken, Bindung vermitteln, Charakter entwickeln und Verantwortungsbewusstsein erzeugen kann.

Wo ist die Vision einer Verbindung von Wirtschaft und Natur? Einer Wirtschaft, die Nutzen schafft ohne Raubbau an den Ressourcen, die Talente entwickelt und zum Frieden beiträgt?

Welche Visionen geben wir Menschen, die Globalisierung, Digitalisierung, Computerisierung fürchten und die Umbrüche schon hautnah verspüren? Menschen, die Angst haben wie jetzt bei der Coronakrise. Die zutiefst verunsichert sind. Die die Bilder aus Italien vor Augen

haben: Menschen, die ihre sterbenden Angehö-
rigen im Spital nicht mehr besuchen dürfen,
eine unüberblickbare Zahl von Särgen, die ne-
beneinandergestellt Hallen füllen, Friedhöfe,
die so wie die Spitäler völlig überlastet sind.
Welche Antworten geben wir darauf? Und wie
sollten die Menschen Vertrauen zu einem Projekt Europa haben, das in einer solchen Krise
sofort die nationalen Rollbalken herunterlässt,
statt gemeinsam Hilfe, solidarische Unterstützung und organisiertes Krisenmanagement zu
bieten?

Verunsicherungen bewirken radikale Lösungen. Scheinbar einfache Antworten verbunden mit äußeren Feindbildern liegen im Trend
der Zeit. Sie sind das Gegenteil dessen, was die
Gründerväter Europas wollten.

Frieden ist keine Vision mehr, er ist zur
Selbstverständlichkeit geworden. Dennoch: Der
Lack der Zivilisation ist dünn. Und wo es keine
europäische Vision gibt, blättert dieser Lack
schnell ab. Irland, durch die Europäische Union
vereint, droht im Falle eines ungeregelten Bre-
xits wieder auseinanderzufallen. Schüsse sind
bereits gefallen.

Die Vision Europa beruht auch auf materiel-
lem Wohlstand. Wohlstand, der durch Zusammenarbeit begründet worden ist. Gabriel Fel-
bermayr, Leiter des Institutes für Weltwirtschaft,
geht bei einem Zerfall der EU von einem Verlust
von acht Prozent des BIP aus, was einen Wohl-

standsverlust von 32 Milliarden Euro alleine in Österreich mit sich bringen würde. Umgelegt auf die EU würde das weit über 1.000 Milliarden pro Jahr bedeuten. Scheitert das europäische Projekt, dann wäre das auch wirtschaftlich eine Katastrophe.

Visionen brauchen auch Visionäre. Zukunftsdenker. Chancenvermittler. Hoffnungsträger.

Wo sind sie? Was sagen sie uns über die Welt von morgen, in der wir leben werden? Und wie wird dieses Leben aussehen? Und was müssen wir tun, damit dieses Leben so aussieht, wie wir und das wünschen?

Pragmatismus beim Handling aktueller Probleme ist gut. Aber es kann visionäre Funkstille nicht ersetzen.

Wir leben im Hier und Heute noch immer ganz komfortabel, werden aber zunehmend von innerer Unruhe beschlichen, wenn wir an die Zukunft denken.

2049 – ein Menetekel an der Wand?

DER IDENTITÄTS-BRUCH

»Europa ist ein Vernunftprogramm, aber es ist nicht in den Herzen der Menschen angekommen«.

Diese Meinung ist häufig anzutreffen. Die Träume der Gründer halten offensichtlich nach sieben Jahrzehnten der Realität nicht stand.

Woran liegt das?

Vielleicht auch daran: Europa hat keine Kommunikation mit den Bürgern. Gab es in den 1950er- und 1960er-Jahren noch Dialoge, regionale Partnerschaften, vor allem aber auch tolle Jugendbegegnungen, so spielt sich heute die europäische Kommunikation in der »Brussels Bubble« ab, und zwar in unverständlicher Bürokraten-Sprache.

Die Technokraten haben das Sagen.

Europa hat keine Stimme. Während jeder Verein, jede Gemeinde und jede Region eigene Kommunikationsmedien hat, muss sich Europa im Wesentlichen mit Social Media begnügen, die aber oft nicht social sind, sondern aus analogen Feiglingen digitale Maulhelden machen. Und nach wie vor gilt: Was auf der nationalen Ebene vorgeht, ist allemal interessanter als alles, das sich im fernen Brüssel abspielt.

Das spiegelt sich auch in unseren Geschichtsbüchern. Warum gibt es noch immer kein gemeinsames europäisches Geschichtsbuch? Das wäre doch eine interessante Aufgabe für den Europarat!

Ein weiterer Grund für den geringen Bezug vieler Bürger zu Europa ist der Verlust des Problembewusstseins. Es gibt keinen bedrohlichen Kommunismus mehr, und die Friedensperiode, in der wir leben, dauert nun schon ebenso lange wie rückgerechnet von 1945 zum Deutsch-Französischen Krieg 1871. Frieden ist zur Gewohnheit geworden, zur Selbstverständlichkeit. Mein Großvater hat mir noch von seinen Erlebnissen im Ersten, mein Vater über den Zweiten Weltkrieg erzählt. Es war authentisch, packend, beeindruckend, erschreckend. Aber diese Zeitzeugen gibt es nicht mehr.

Die Wiederaufbaugeneration war optimistisch, wie das heute die Amerikaner sind, sie war erfolgshungrig, wie das heute die Asiaten sind. Wir hingegen haben uns an Wohlstand gewöhnt und diskutieren lieber Themen wie Work-Life-Balance, wobei der Schwerpunkt auf life liegt.

Bei vielen Europäern kommt hinzu, dass ihnen die Globalisierung, die Öffnung zur Welt, suspekt ist und sie diese als bedrohlich empfinden. Was liegt da näher, als in den Schrebergarten zu flüchten, um sich dort scheinbar gemütlich einzurichten? Wie ein kleines Kind die Augen schließt und damit vermeint, die Wirklichkeit auszuschalten, schließt Europa die Augen vor den Veränderungen der Welt und lässt damit die Entwicklung der Welt über sich ergehen: passiv erduldend, ohne Leadership, die freilich beim Grundübel Europas, dem Zwang zur Einstimmigkeit, oft auch gar nicht wirksam werden könnte.

Ist Europa im Zustand des Römischen Reiches im vierten Jahrhundert nach Christus angekommen? Politisch ausgebrannt pflegen wir noch ein genussvolles Leben und genießen die Thermen des Caracalla.

Klimawandel? Wird schon irgendwie werden! Dazu gibt es ja Pläne, die freilich einen Nachteil haben: Sie werden nicht umgesetzt! Ziele allein können den Klimawandel nicht aufhalten. Dies ist ein Beispiel von vielen, bei dem wir, nicht nur wir, die Augen verschließen.

Die ehemaligen Länder hinter dem Eisernen Vorhang haben eine erstaunliche, beeindruckende und beachtliche wirtschaftliche Entwicklung genommen. Sie haben ihr BIP-Wachstum seit 1995 im Vergleich zu den ursprünglichen EU-Ländern verdoppelt! Eine gewaltige Leistung vor allem auch angesichts der Ausgangsbedingungen: von einer gelenkten Staatswirtschaft zu einer europäischen Marktwirtschaft. Europa hat hier viel geholfen. Das soll aber die Leistung dieser Länder nicht schmälern. Umso mehr müssen wir jetzt einen sich in einigen Ländern abzeichnenden Mentalitätsbruch verhindern. Ein solcher würde Europa massiv schwächen und für Angriffe von außen noch anfälliger machen.

Bei Wissenschaft und Forschung tut sich eine innereuropäische Bruchlinie auf. Laut dem Regional Innovation Scoreboard 2019 zählen West- und Nordeuropa zu den Innovativen, Süd- und Osteuropa fallen hingegen deutlich zurück. Sieht man Innovation als Schlüsselfaktor für künftigen wirtschaftlichen Erfolg, ist das kein gutes Zeichen, zumal diese Entwicklung noch durch die Abwanderung der gebildetsten, meist jungen Menschen von den schwachen in die ökonomisch starken europäischen Länder verstärkt wird.

Es könnte also ein ökonomischer Vorhang den früheren Eisernen Vorhang ersetzen.

Welche Bindungskraft ging am Beginn der europäischen Einigung von Kultus und Kultur aus! Die katholische Kirche hat den Sprung in die Jetztzeit, geschweige denn in die Zukunft, nicht geschafft. Die Aufarbeitung von Missbrauchsfällen der Vergangenheit und die Frauendiskriminierung in der Gegenwart geben Ersatzreligionen viel Raum. Von der Mitarbeit der Kirchen am Projekt Europa durch das Einbringen geistiger und geistlicher Perspektiven ist leider nur wenig zu bemerken.

Die Orthodoxie spaltet sich weiter auf, Islam und Judentum sind zerrissen zwischen liberalen und weltoffenen sowie orthodoxen und radikalen Flügeln. Dabei könnte den Menschen unserer Zeit gerade in einer Kooperation der Religionen viel Sinnstiftendes und Substanzvermittelndes gegeben werden.

Die Weltreligionen sollten ethisches Weltgewissen sein.

Nicht besser geht es den politischen Parteien, die – identitätsstiftend für Europa – zunehmend durch »Bewegungen« ersetzt werden. Politische Richtungen, die christlichen, humanistischen oder toleranten Werten verpflichtet sind, haben massiv abgebaut und sind in manchen Ländern nahezu gänzlich verschwunden.

In vielen Staaten ist ein Erstarken der linken und rechten Ränder des politischen Parteienspektrums festzustellen. Regierungsbildungen werden zunehmend schwieriger, das Finden von Lösungen erst recht. Die Populisten links und rechts sind zu einer Zange geworden, einer Zange, die manche europäischen Länder an den Rand der politischen Stabilität gebracht hat.

Ähnliches gilt auch für die Wirtschaft: War es früher vor allem die Verantwortung gegenüber der Gesellschaft, die neben dem unternehmerischen Erfolg eine wichtige Rolle gespielt hat, so sind es heute zu oft eine reine Aktionärsorientierung und ein Handeln in kurzfristigen Intervallen.

Hingegen sollte eine auf europäischen Werten begründete Wirtschaft Nutzen stiften, den Menschen dienen und das Verdiente in eine nachhaltige Entwicklung der Betriebe einbringen.

Somit stellen sich die Fragen nach unserer Identität: Wer sind wir Europäer? Woher kommen wir? Wo stehen wir? Wohin gehen wir? Sind wir in unserem Selbstverständnis eigentlich Europäer? Verstehen wir die Idee Europa oder sehen wir Europa eher als Kosten-Nutzen-Rechnung mit Optimierung des Nutzens für das eigene Land? Fragen, auf die es Antworten zu finden gilt. Fragen, die zu wenig gestellt, und Antworten, die zu wenig gegeben werden.

Zusammengefasst: Europa befindet sich in einer mentalen Krise, in einer Wertekrise, einer Vertrauenskrise, einer Identitätskrise. Wir verschließen die Augen vor der Zukunft, da wir nicht fähig sind, Lösungen zu finden. Wir blockieren uns institutionell und emotionell. Wir sehen zu, wie die Gesellschaft in Partikularismen, Egoismen und Eigenbrötelei zerfällt.

Wir haben keine Rezepte. Ideen, die wir hätten, sind nicht durchsetzbar.

Wir sind ohnmächtig.

Europa ist am Ende.

Es schafft sich ab.

Und wir, seine Bürger, sind Zeitzeugen des Untergangs.

Ja, mehr noch: Mitwirkende!

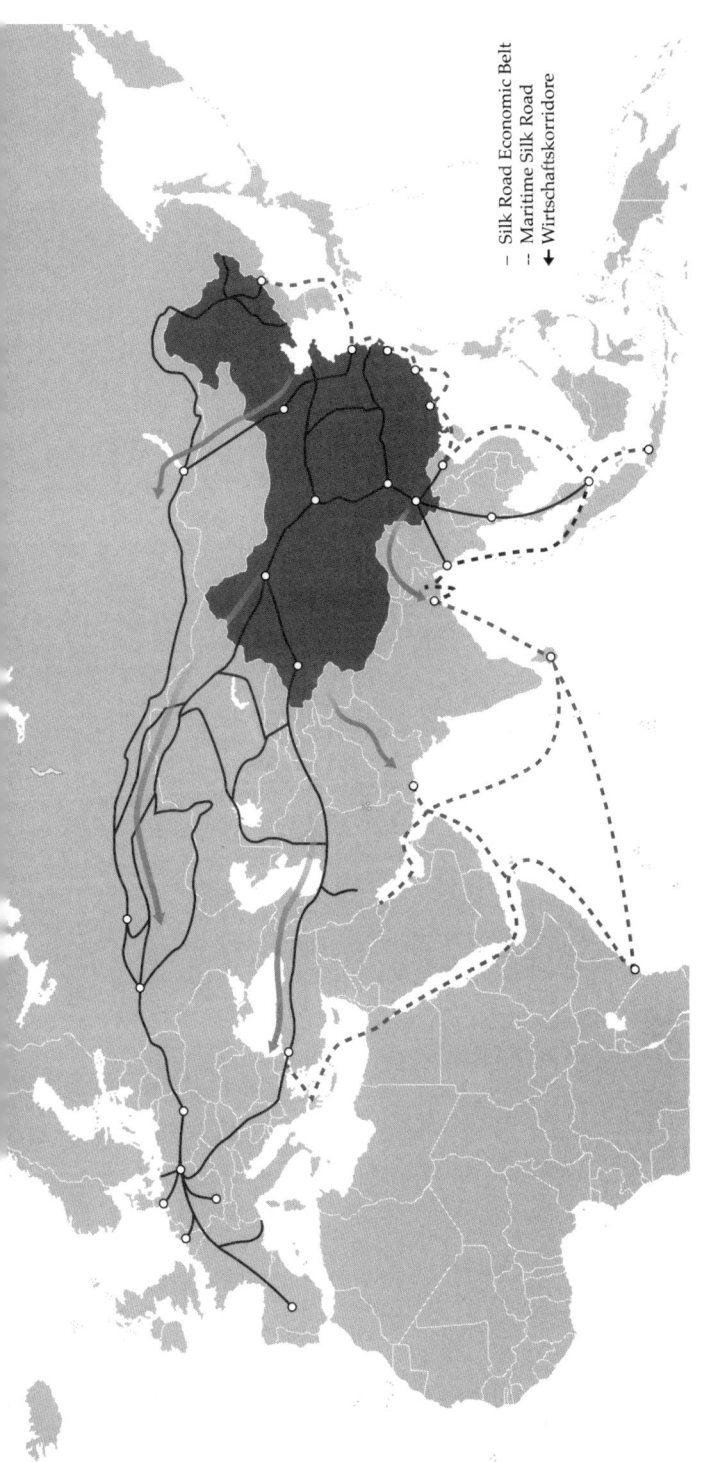

Abb. 2: Die »Belt and Road Initiative« umfasst Projekte und Initiativen zum Ausbau der Handels- und Infrastruktur, die den Interessen und Zielen Chinas dienen sollen. China knüpft dabei an die Handelsrouten der historischen Seidenstraße an.

– Silk Road Economic Belt
-- Maritime Silk Road
→ Wirtschaftskorridore

TEIL 2

ODER SCHAFFT SICH EUROPA NEU?

Ist Europa verloren?

Oder könnten wir es doch noch wiedergewinnen? Gibt es einen europäischen Phönix, der aus der Asche steigt?

Gibt es Ideen für einen neuen Aufbruch?

Gibt es Konzepte für mehr Gemeinsamkeit, mehr Miteinander und mehr Solidarität, um daraus die Kraft zu schöpfen, die Brüche unserer Zeit zu bewältigen und aus Zukunftsängsten Zukunftshoffnungen zu machen?

Gibt es eine neue Vision für Europa, die die Menschen begeistert, inspiriert und motiviert?

An alle Zweifler: Man bedenke, vor welchen Aufgaben vor sieben Jahrzehnten die Gründerväter Europas standen. Ungeheure geistige und materielle Verwüstung durch den zerstörerischsten Krieg aller Zeiten, Trümmer und Ruinen, Not und Elend, Tod und Vertreibung vor den Augen, träumten sie von Frieden, Freiheit, Demokratie, Sicherheit und Wohlstand – durch ein Miteinander statt eines Gegeneinanders.

Diese Menschen am Beginn der Einigung Europas hatten die Kraft, Visionen zu entwickeln und zu verwirklichen.

Warum sollte es daher heute nicht gelingen, in einer unvergleichlich besseren Ausgangsposition eine neue Zukunftsvision zu entwickeln, junge Menschen mit Zuversicht zu erfüllen und ihnen Lebensperspektiven aufzuzeigen?

Nehmen wir Pinsel und Farbe zur Hand. Malen wir ermutigende Lebensbilder! Unsere Kultur, unsere Begabungen, unsere Talente, unsere Fantasie und Kreativität, unsere Fähigkeit zu Kooperation und Kommunikation – das sind unsere Farben!

Unsere Grundwerte der Menschlichkeit, der Verantwortung, der Demokratie und des Rechtsstaates sind die Leinwand, die diesen Bildern zugrunde liegt.

Das Denken in Nachhaltigkeit und Ganzheitlichkeit könnte der Rahmen für diese Bilder sein.

Aber welche Ideen gibt es für die Wiedergewinnung Europas? Versuchen wir, einigen von ihnen nachzuspüren – zwölf sind es an der Zahl, natürlich nicht zufällig zwölf.

Unser Ziel ist es, den Ansturm auf Europa nicht nur abzuwenden, sondern Europa als wesentlichen Mitgestalter der künftigen globalen Entwicklung zu positionieren.

Wie sehen unsere jungen Menschen selbst ihre Zukunft?

Bei der europäischen Jugendbegegnung in Neumarkt in der Steiermark habe ich nach den Erwartungen gefragt.

»We want stability in the future and opportunities to have a better life and a chance to fulfill our own ambitions«. – Sie wollen Stabilität, Möglichkeiten für ein besseres Leben und Chancen, um ihre Ambitionen zu erfüllen! Es klingt einfach, fast banal. Und dennoch ist darin genau das angesprochen, worauf es in Zukunft ankommt.

Eine Teilnehmerin hat gemeint: »I can share awareness of all EU and world problems, gather them together and I will be trying to find solutions to these issues!«.

Hat sich das erste Zitat noch auf persönliche Erwartungen bezogen, so ist dieses zweite Zitat Ausdruck des Problembewusstseins der jungen Menschen und ihrer Bereitschaft, zu Lösungen beizutragen.

Ist das nicht großartig?

Was aber nun ist im Sinne der Meinungen und Einstellungen unserer jungen Menschen konkret zu tun, um dem Phönix aus der Asche zu verhelfen?

1. ⭐

UNABHÄNGIGKEIT ERLANGEN!

Das Grundmodell des Verhältnisses zwischen den USA und Europa ist an seine Grenzen gelangt.

Ja, es gibt noch gemeinsame Werthaltungen. Demokratie etwa – obwohl Trump Grenzen ausreizt. Freihandel – obwohl die protektionistischen Überlegungen im Sinne eines »America First« Sorgen bereiten. Aber heute wird mehr denn je wirtschaftliche und militärische Macht zur Durchsetzung egoistischer politischer und wirtschaftlicher Interessen missbraucht.

Donald Trump spricht es deutlich aus: Die Europäer sollen für ihre eigene Sicherheit sorgen!

Da hat er recht. Solange wir die Sicherheit und die damit verbundenen Kosten den Amerikanern überlassen, dürfen wir uns nicht wundern, wenn sie im Gegenzug auf ihre wirtschaftlichen Interessen pochen und politische Gehorsamkeit verlangen.

Der Weg zur Unabhängigkeit Europas führt über eine eigenständige Sicherheitskon-

zeption. Nur damit begibt man sich auf Augenhöhe mit den USA und erlangt so auch Respekt
in anderen Teilen der Welt. Nur damit sind die
Europäer auch handlungsfähig in Bereichen,
wo sie derzeit zähneknirschend den Amerikanern folgen müssen. Der französische Staatspräsident Emmanuel Macron hat das klar und
deutlich ausgesprochen.

Wir brauchen also ein Europa, das seine Si-
cherheitskonzeption gemeinsam entwickelt
und vertritt, das statt eines Bildes der Zersplitterung und Lähmung eines des eigenständigen
Handelns abgibt. Es kann beispielsweise nicht
sein, dass die USA aus welchen Gründen auch
immer aus einem bestehenden Abkommen mit
dem Iran austreten, zugleich aber auch andere
unter Androhung massiver Sanktionen zwingen, ihrem Beispiel zu folgen.

Der Weg zur Unabhängigkeit Europas führt
auch über Wirtschaft und Währung. Vergessen
wir nicht: Der Euro hat die Riesenchance, neben
dem US-Dollar zu einer Weltwährung zu werden! So oft totgesagt, wäre er die einzige echte
Alternative zum Dollar und würde die Dominanz der USA zu einer Partnerschaft wandeln.
Voraussetzung dafür ist die Schaffung eines europäischen Finanzmarktes ähnlich dem der
USA. Eine gewaltige Aufgabe, insbesondere
auch für die jetzt von Christine Lagarde geführte Europäische Zentralbank EZB.

Wenn Europa nicht weiterhin vom Dollar
abhängig sein will, muss der Euro zu einer in-

ternationalen Reservewährung werden. Das setzt allerdings voraus, dass dem Euro auch vertraut wird. Dieses Vertrauen ist derzeit in den Dollar stärker als in den Euro. Den USA traut man zu, dass sie nie zahlungsunfähig werden. Bei den Europäern ist man sich da nicht so sicher. Ein gemeinsames Verbürgen für die gemeinsame Währung der Eurostaaten ist daher eine Notwendigkeit. Das muss allerdings einhergehen mit einer akkordierten Wirtschaftspolitik. Sollte diese Voraussetzung erfüllt sein, gehen auch amerikanische Erpressungsversuche ins Leere, denn Europa hätte ein Instrument in der Hand, den USA glaubhaft entgegenzutreten.

Es war ein bezeichnendes Bild: Merkel besuchte Trump, um im von den USA angedrohten Handelskrieg zu vermitteln. Sie wurde nach wenigen Stunden mit freundlichen Worten, aber ohne Ergebnis wieder verabschiedet.

Macron landete in Washington, pflanzte ein mitgebrachtes Bäumchen im Garten des Weißen Hauses, um ein Zeichen freundschaftlicher Verbundenheit zu setzen. Drei Stunden nach der Abreise von Macron wurde auch das Bäumchen wieder ausgegraben. Die dahinterstehende Symbolik ist mehr als bezeichnend: Wir pfeifen auf euch!

Dann kam Jean-Claude Juncker. Die Erwartungen an seinen Besuch waren sehr gering. Was sollte er schon ausrichten, was Merkel und Macron nicht geschafft hatten?

Doch der alte und oft unterschätzte Polit-
fuchs erwies sich als schlau. Er wusste, dass
Trump Symbolik braucht, und bot sie ihm. Und
kehrte mit einem Burgfrieden nach Europa zurück: Sojadeal und Flüssiggas statt Autozölle.

Juncker hatte Europa vertreten und wurde
daher respektiert.

Er konnte in Handelsfragen mit einer Stimme sprechen. Denn Außenhandel ist europäische Kompetenz.

Dieses Beispiel zeigt, was zu bewirken ist,
wenn man einig und nicht zersplittert agiert.

Swim together or sink alone.

2. ⭐

DEN INNEREN ZUSAMMEN-
HALT WIEDERFINDEN!

Europa war und ist ein solidarisches Projekt.

Das Wort »Gemeinsamkeit« stand immer im Vordergrund. Es war der zentrale Begriff für das gesamte Projekt.

Es war die Grundlage für die Gründung der Europäischen Gemeinschaft für Kohle und Stahl (Montanunion) 1951, um die aus damaliger Sicht kriegswichtigen Potenziale Kohle und Stahl erstmals unter eine supranationale Behörde zu stellen. Aus diesen Anfängen der EGKS (Frankreich, Italien, Deutschland und die Beneluxländer) entwickelte sich schließlich 1957 mit den Römischen Verträgen die Europäische Wirtschaftsgemeinschaft, der 1960 die Europäische Freihandelszone EFTA folgte.

Die Gemeinschaftswährung Euro, der Wegfall der Grenzen (Schengen), das größte Forschungsprogramm der Welt oder Ansätze einer gemeinsamen Außen- und Sicherheitspolitik waren weitere Stufen im Zusammenwachsen Europas.

Jugendaustausch und Jugendbegegnungen, Städte-, Gemeinde- und Regionspartnerschaften, gemeinsame Wissenschafts- und Kulturprojekte und vor allem das wirtschaftliche Zusammenwachsen bescherten Europa ungeheuren Aufschwung und noch nie da gewesene Prosperität.

All das entstand auf einer gemeinsamen Basis der Verständigung, des Dialogs, der Solidarität.

Diese Basis ist heute gefährdet. Erhobene Zeigefinger »demokratischer« westlicher Länder gegen »autokratische« östliche Länder, verbunden mit der Drohung der Kürzung finanzieller Mittel aus den europäischen Töpfen, tragen nicht gerade zu besserer Verständigung bei. Eine stärkere Berücksichtigung unterschiedlicher geschichtlicher Entwicklungen wäre durchaus angebracht. Es darf nicht übersehen werden, dass nationale und patriotische Gefühle in der Zeit des Sowjetkommunismus absolut verpönt waren, galt es doch, »Die Internationale« nicht nur zu singen, sondern auch zu leben – natürlich unter sowjetischer Dominanz.

Dass in einigen Ländern nun eine gewisse Gegenbewegung eingesetzt hat, ist vor diesem Hintergrund zu sehen, wenngleich selbstverständlich die europäischen Grundwerte verteidigt werden müssen. Aber diese Länder verdienen Wertschätzung statt moralischer Belehrungen. Wertschätzung muss allerdings dort enden, wo Grundpfeiler der Demokratie außer

Kraft gesetzt werden. Ein zeitlich unbeschränktes Regieren ohne Parlament hat wenig mit Notstand zu tun. Denn andere Länder beweisen, dass auch in Zeiten größter Herausforderung die Mitwirkung des jeweiligen Parlaments möglich und sinnvoll ist. Soll man einem solchen aus der Reihe tanzenden Land nunmehr finanzielle Unterstützung entziehen? Nein, ich denke nicht. Das wäre so, wie wenn man einem Kind durch Taschengeldentzug auf den richtigen Weg verhelfen will. Europa hingegen ist ein Rechtsstaat. Rechtsstaatliche Mitteln müssen ergriffen werden, aber auch greifen können. Ein Einstimmigkeitserfordernis bei einer Verurteilung verursacht jedoch Hohngelächter statt Konsequenzen.

Ähnliches spielt sich zwischen nord- und südeuropäischen Ländern ab. Der manchmal offen geäußerte Vorwurf, der Norden verdiene das Geld, das der Süden ausgebe, ist nur auf den ersten Blick richtig. Denn woher hätte denn beispielsweise Deutschland seinen oft kritisierten Außenhandelsüberschuss, wenn es diese südlichen Länder im gemeinsamen Markt nicht gäbe?

Eine weitere massive Gegensätzlichkeit zeigt sich zwischen kritisch-konstruktiven Kräften in der Europäischen Union, die das gemeinsame Projekt weiterentwickeln wollen, und destruktiven Kräften, die protektionistischen Überlegungen anhängen und die Zukunft Europas im Nationalismus sehen.

Was haben solche Leute aus der Geschichte unseres Kontinents gelernt? Sind 100 Millionen Tote nicht genug?

Wohin Populismus und Demagogie führen, zeigt sich am Beispiel Großbritanniens. Das United Kingdom wurde zum Divided Kingdom. Die Bruchlinien zwischen Generationen und Regionen wurden offensichtlich. Im Fall Nordirland, befriedet durch das europäische Projekt, brechen nun alte Narben auf. Verblendete Demagogen sind nicht imstande, in dieser Situation vernünftige Modelle wie einen Verbleib in einem europäischen Wirtschaftsraum zu bewerkstelligen. Wer übernimmt die Verantwortung für eintretenden Schaden entgegen besseren Wissens?

Den inneren Zusammenhalt Europas zu stärken, den gemeinsamen Markt zu vervollständigen, zum Beispiel im Dienstleistungsbereich, im Energiebereich und bei der Digitalisierung oder im Verkehrs- und Logistikbereich, würde Europa nicht nur innerlich kräftigen, sondern auch nach außen wettbewerbsfähiger machen.

Auch der gelegentlich geäußerten Klage, die Union habe zwar eine wirtschaftliche, jedoch keine soziale Dimension, könnte man begegnen. Voraussetzung dafür wäre allerdings die Abtretung nationaler sozialer Kompetenzen an die Gemeinschaft, wie das in Wirtschaft und Landwirtschaft längst der Fall ist. Aber wer ist dazu bereit?

Es könnte aber auch aufbauend auf der Sozialcharta des Europarates, einer der ganz großen Konventionen dieser Organisation, eine vernünftige soziale Weiterentwicklung unter Einbeziehung der europäischen Sozialpartner möglich werden.

Zu innerer Einigkeit und Stärkung gehört auch eine neue Form dieser europäischen Sozialpartnerschaft. Diese darf nicht bloß auf Interessenausgleich fixiert sein, sondern muss als Manager des Wandels Menschen in einer Welt voll Unsicherheiten begleiten und ihnen helfen, persönliche Risiken rechtzeitig zu erkennen, zu vermeiden und angebotene Hilfestellungen und Chancen zu nützen.

Das wäre ein entscheidender Punkt, um den Populisten, die von Ängsten leben, den Nährboden zu entziehen!

Es nützt dem einzelnen Menschen an seinem Arbeitsplatz nichts, wenn man ihm sagt, dass durch Digitalisierung, Computerisierung oder Artificial Intelligence viele Jobs verloren gehen, aber auch viele andere wieder neu entstehen. Den einzelnen Menschen an seinem Arbeitsplatz interessiert, wie es mit ihm ganz persönlich weitergeht. Erhält er darauf keine Antwort, sind Sorgen und Angst die natürliche Folge.

Die Auswirkungen der neuen Technologien daher nicht nur allgemein zu umschreiben, sondern auf Branchen, Betriebe und Arbeitsplätze herunterzubrechen und dann mit Bildungs- und Qualifikationsmaßnahmen mitzuhelfen, Veränderungen zu bewältigen oder neue Betätigungsfelder zu entwickeln, anstatt die Menschen sich selbst zu überlassen, wäre ein Gebot unserer Zeit.

Die Sozialpartner in ganz Europa sind dabei gefordert! Dies könnte ihre zentrale Zukunftsaufgabe sein!

Ganz entscheidend ist jedoch: Noch nie gab es auf der Welt so viele Kommunikationsmöglichkeiten. Milliarden von E-Mails, SMS, Facebook- und Twitter-Meldungen werden täglich abgesetzt, Printerzeugnisse werden in Umlauf gebracht, Radio- und TV-Stationen rund um die Uhr betrieben.

Und dennoch fühlen sich viele Menschen zu wenig informiert – auch zum Thema Europa. Die beste Form der Kommunikation ist das persönliche Gespräch. Die Europäische Union sollte daher alles daransetzen, ihre Schwäche der fehlenden Kommunikationsmittel durch einen direkten Dialog mit den Bürgern auszugleichen. Es gibt ermutigende Beispiele dafür, etwa die Aktion »Europaschirm« der Wirtschaftskammer Österreich: Bei Zusammenkünften einer größeren Zahl von Menschen, bei Festen, Messen, Ausstellungen, Versammlungen et cetera wird sehr oft auch ein großer Europaschirm aufgestellt, und »Euro-Informer«, meist junge Menschen, beantworten alle Fragen zum Thema Europa.

Menschliche Berührung erfolgt durch persönliche Begegnung. Diese ist bisher in 700 000 Fällen erfolgt – wohl auch ein Grund dafür, dass die Einstellung der Österreicher zu Europa sich in den letzten Jahren in eine sehr positive Richtung entwickelt hat. 75 Prozent der österreichischen Bevölkerung stehen positiv zu Europa, in den allermeisten anderen EU-Ländern sind diese Daten sehr ähnlich.

Weitere Beispiele dafür:

- Das Deutsch-Französische Jugendwerk hat unschätzbar viel Positives zum Verständnis zwischen Deutschland und Frankreich durch solche Begegnungen beigetragen.
- Von Interrail bis Erasmus+ haben Millionen junge Menschen die Möglichkeit genutzt, Europa persönlich zu erfahren und Netzwerke zu formen.
- In Alpbach in Tirol kommen jährlich 600 junge Menschen aus ganz Europa zusammen.
- Und in der Europaburg Neumarkt in der Steiermark sind es pro Jahr circa 1000 junge Menschen, die im Wochenrhythmus zusammentreffen, europäischen Gemeinschaftsgeist entwickeln und diesen dann in persönlichen Diskussionsrunden in ihren Heimatländern weitervermitteln.

In diese Richtung sollten die Union, die Mitgliedsländer und die Regionen viel aktiver werden.

Wir haben viele politische Repräsentanten und Experten in europäischen Organisationen, ihre Erfahrung sollte bei Veranstaltungen breiter zugänglich gemacht werden. Laden wir sie ein, holen wir sie her! Sie sollen berichten und mit uns diskutieren!

Regionale oder Gemeindepartnerschaften leisten einen wichtigen Beitrag zur menschlichen Begegnung und Verständigung. Ihr Netzwerk gehört unterstützt und weiter ausgebaut.

Themenspezifische Zusammenkünfte, der Austausch von Erfahrungen in Form von Ausstellungen, Wettbewerben, Messen und so weiter könnten Best Practices in ökologischen oder sozialen Belangen besser darstellen und Kooperationsnetzwerke begründen.

So wird Europa erlebbar, erfahrbar und spürbar.

Und es wird zur Herzenssache.

3. ⭐

TALENTE FÖRDERN!

Wir leben in einem Wettbewerb der Begabungen. Von unseren Talenten hängt es ab, wie wir morgen leben. Richten wir doch wieder den Blick auf China: Das Weltwirtschaftsforum sieht dieses Land in den MINT-Fächern (Mathematik, Informatik, Naturwissenschaften, Technik) mit 4,7 Millionen Absolventen pro Jahr klar an der Spitze, gefolgt von Indien mit 2,6 Millionen und den USA und Russland mit je 0,5 Millionen Absolventen. Wo bleiben die EU-Staaten? Die Chinesen sind im Pisa-Vergleich in einer Spitzenstellung, sie sind aber auch in der Berufsausbildung zur Nummer eins aufgestiegen und haben die letzte Berufsweltmeisterschaft (»WorldSkills«) klar gewonnen. Aber nicht nur die Quantität der Ausbildung – mit 28 Millionen Studierenden in China gegenüber 20 Millionen in der Europäischen Union – ist beeindruckend, sondern auch die Tatsache, dass in den Naturwissenschaften 98 Prozent der chinesischen Absolventen den obersten Level erreichen, während der OECD-Durchschnitt bei nur 78 Prozent liegt.

Welche Antworten können wir darauf geben? Angenommen, das gegenwärtige Aus- und

Weiterbildungssystem schöpft etwa 60 Prozent des Begabungspotenzials aus. Dann müsste unsere Frage lauten: Wie könnten wir es schaffen, dass wir auf 80 Prozent kommen?

Die Antwort darauf: Statt eines lernstofforientierten Schulsystems ein begabungsorientiertes Schulsystem!

Das bedeutet individuell maßgeschneiderte Aus- und Weiterbildungswege, Kombinationsmöglichkeiten innerhalb der Schultypen, aber auch zwischen schulischer und beruflicher Ausbildung.

Bildungsinhalte, Ausbildungsmodule, individuelle Kombinationsmöglichkeiten, um den eigenen Wünschen, Begabungen und Talenten bestmöglich zu entsprechen, samt Weiterentwicklung der didaktischen Methoden sollten im Zentrum künftiger Bildungsreformen stehen, die häufig nur reine Organisationsreformen sind.

Gleiches gilt für die berufliche Ausbildung. Ein Bildungsangebot à la carte anstelle der festgefahrenen Einheitsmenüs wäre anzudenken, Kombinationen zu schaffen, Übergänge zu ermöglichen, Anschlüsse herzustellen.

Egal von wo aus ein junger Mensch mit 14 Jahren startet, es soll möglich sein, schulisches und berufliches Wissen zu kombinieren und durch lebensbegleitendes Lernen ständig weiterzuentwickeln.

Es ist ein Alarmzeichen, dass ab einem Lebensalter von Mitte vierzig die berufliche Weiterbildung dramatisch rückläufig ist. Wie soll man so in Zeiten eines rasanten technologischen Wandels auf der Höhe der Zeit bleiben? Von Modernisierungsverlierern wird dann gesprochen, Aussteigern, Nichtvermittelbarkeit am Arbeitsmarkt, Frühpensionierungen. Das ist eine Vergeudung dringend benötigter Ressourcen.

Das Problem einer nach wie vor erschreckend hohen Jugendarbeitslosigkeitsrate in manchen Regionen Europas sollte weit mehr Aufmerksamkeit finden. Die Verdoppelung der EU-Budgetmittel für das Erasmus+-Programm böte die Chance, gesamteuropäische Aus- und Weiterbildungsangebote samt den dazu notwendigen organisatorischen Rahmenbedingungen zu finanzieren. Dies wäre für die jungen Menschen die Chance zur Verbreiterung ihres Erfahrungshorizonts, zur Stärkung ihrer sozialen Kompetenzen und zum Erleben der kulturellen und mentalen Vielfalt Europas.

Das zu erkennen, ist die eine Seite. Die andere Seite ist, es umzusetzen!

Wir brauchen eine Revolutionierung unserer Aus- und Weiterbildungssysteme! Nicht Wissensaneignung, das Lernen eines Stoffes und dessen Abprüfen sollten zentral sein, die Entdeckung, Förderung und Entwicklung der Begabungen müssen im Mittelpunkt stehen.

Aus eigener Erfahrung weiß ich, wie einfach das Lernen ist, wenn es einen interessiert und man Freude dabei hat. Ich erinnere mich aber auch daran, dass ich manchmal mit Frust und Unlust jene Materien bewältigen musste, die erforderlich waren, um im System weiterzukommen. Um es drastisch zu sagen: 90 Prozent meiner Lernkapazität musste ich für die »Angstfächer« aufwenden, nur 10 Prozent blieben für das, was in meinen Vorstellungen meiner ganz persönlichen Lebensperspektive entsprochen hätte. Vergeudung von Ressourcen.

In der Verbindung zwischen schulischer und beruflicher Ausbildung liegt eine Riesenchance. Wo dieses sogenannte duale Ausbildungssystem verwirklicht wird, liegt die Jugendarbeitslosigkeit massiv unter den Werten jener Länder, die dieses Kombinationsprogramm nicht anbieten. Junge Leute, die im Betrieb ihre Fähigkeiten und Talente entwickeln, dort ihre Stärken und Begabungen entfalten können, wachsen in den Betrieb hinein und erhalten dadurch viel eher einen Job als jene Bewerber, die bloß mit einem Schulzeugnis kommen.

Der gravierende Fachkräftemangel, der europa- und weltweit festzustellen ist, sollte zu einer verstärkten Kombination schulischer und beruflicher Ausbildung führen. Einige positive Beispiele dafür gibt es, sie haben zu Win-Win-Situationen für die jungen Menschen und die Betriebe geführt, ermöglichen eine bessere Begabungsausschöpfung und vermitteln Europa daher deutliche Wettbewerbsvorteile im globalen Konkurrenzkampf.

Talente müssen jedoch auch gepflegt und weiterentwickelt werden. Ein lebensbegleitendes Lernen ist nicht nur die beste Möglichkeit, auch in fortschreitendem Alter auf der Höhe der Zeit zu bleiben und technische Veränderungen mitzumachen, sondern vermittelt auch Selbstsicherheit und Lebensfreude. Ein großes Aktivitätsfeld für die Sozialpartner!

Wir gehen heute oft verantwortungslos mit diesem größten Ressourcenschatz Europas um. Unsere Talente zur Entfaltung zu bringen und in ein europäisches Netzwerk einzubauen, ist nicht nur eine Qualifikationsnotwendigkeit im internationalen Wettbewerb, sondern auch eine Chance für alle Menschen, das Beste aus sich herauszuholen. Die »EuroSkills«, die Jugend-Berufs-Europameisterschaft, beweist dies eindrucksvoll.

Aber die Notwendigkeit, Qualifikationen zu verstärken, um im globalen Wettbewerb gerüstet zu sein, haben auch andere erkannt. Die letzten EuroSkills hat Russland, die letzten WorldSkills hat China gewonnen. Auch wenn in diesen Ländern nur eine schmale Spitze darauf trainiert wird, bei Wettbewerben mit Medaillen zu glänzen, so zeigt dies doch, dass die entscheidende Bedeutung einer fundierten Berufsausbildung erkannt und diese gezielt gefördert wird. Wieder einmal ist China dabei, die Dinge strategisch und systematisch anzulegen. Der Drache schlägt auch in der Bildungspolitik kräftig mit seinen Flügeln. Europa muss dem etwas entgegensetzen!

Das Jugendaustauschprogramm Erasmus+ nach den Vorschlägen der Kommission im künftigen Finanzrahmen zwischen 2020 und 2027 zu verdoppeln, ist ein entscheidender Meilenstein auf dem aufgezeigten Weg! Ich möchte mich beim früheren Präsidenten Jean-Claude Juncker ausdrücklich dafür bedanken, dass er diesen Vorschlag von mir nicht nur mit Interesse aufgegriffen hat, sondern ihn gemeinsam mit dem Europäischen Parlament dem Europäischen Rat zur Beschlussfassung für die anstehende Budgetplanung von 2021 bis 2027 vorgelegt hat.

Fantasie, Kreativität, Intuition, Gespür, Empathie und Talentfokussierung – daraus ist der Stoff gemacht, mit dem es auch künftigen Generationen nicht schlechter gehen wird als unserer, sondern mit dem auch sie ihre Wünsche, Anliegen und Prioritäten in ihrer Zeit verwirklichen können!

4.

HANDLUNGSFÄHIGKEIT HERSTELLEN!

In der ursprünglichen EU-Sechsergemeinschaft, der EWG des Jahres 1957, war es relativ einfach: Man stimmte überein, dass man übereinstimmen sollte.

Damit war das Prinzip der Einstimmigkeit geboren. Das funktionierte auch ganz gut, denn die sechs Gründungsländer hatten ja eine gemeinsame Anschauung von Europa und eine relativ klare Vorstellung davon, wie diese Anschauung zu verwirklichen sei.

Das Konsensprinzip war daher nur natürlich.

Es funktionierte auch bei den folgenden Erweiterungsschritten, weil die neu hinzugekommenen Mitgliedsländer ja ebenfalls diese gemeinsamen Anschauungen teilten und sich den gemeinsamen Zielen verbunden fühlten.

Heute funktioniert es nicht mehr, weil es zu viele Mitglieder mit zu vielen unterschiedlichen Interessen gibt. Und immer öfter wird sichtbar, dass einzelne Staaten mit einem Veto Einstimmigkeit verhindern, um ihre rein nationalen Interessen durchzusetzen. Dies wird in der Außen-

und Sicherheitspolitik, aber auch in der Wirtschafts-, Währungs- und Steuerpolitik besonders deutlich. Da diese genannten Bereiche aber zentrale Zukunftsentscheidungen erfordern, wird das Einstimmigkeitsprinzip zur Blockade.

Nur in Ausnahmefällen kommt diese Einstimmigkeit noch zustande. In der Weltwirtschaftskrise 2008/09 galt es, die europäische Währung zu schützen, das Auseinanderbrechen der Eurozone zu verhindern und nicht zum Opfer von breit aufgestellten Spekulanten zu werden. Das ist gelungen und ist ein großer Meilenstein auf dem Einigungsweg Europas geworden. Aber müssen es immer ernste Krisenfälle sein, die der Vernunft zum Durchbruch verhelfen?

Die Krux ist: Das Einstimmigkeitserfordernis kann nur durch Einstimmigkeit verändert werden, und davor scheuen natürlich viele Länder zurück, weil sie damit nationales Drohpotenzial aus der Hand geben.

Was tun? Man könnte das Prinzip der verschiedenen Geschwindigkeiten anwenden. Das bedeutet, dass Länder, die in bestimmten Bereichen vorangehen wollen, dies auch tun, ohne vom Einstimmigkeitsprinzip daran gehindert zu werden. Schließlich hat auch die Eurozone nicht alle Mitglieder der Europäischen Union an Bord. Gleiches gilt für die grenzenfreie Schengen-Zone.

Niemanden zu etwas zwingen, aber auch niemanden auf seinem Weg zu hindern, sollte die Devise sein. Sie hat sich seit 1949 bei den Konventionen des Europarates bewährt, also durch sieben Jahrzehnte hindurch.

»Freiwillig gemeinsam« könnte eine zentrale Devise in der Weiterentwicklung der europäischen Einigkeit werden.

Gleichartiges gilt für den Widersinn, nach einer Einigung auf europäischer Ebene zusätzlich noch nationale Parlamente darüber beschließen zu lassen oder gar Volksabstimmungen anzusetzen, bei denen eine Ablehnung in einem einzigen (!) Land das Scheitern des ganzen Vorhabens zur Folge hat.

Auch andere Modelle wären überlegenswert, wie etwa das in der Schweiz praktizierte, wo zu einer Mehrheit der Stimmen auch eine Mehrheit der Länder für einen Beschluss erforderlich ist.

Einstimmigkeitszwang ist in der heutigen Zeit jedoch eine Fehlkonstruktion.

Ist es sinnvoll, die Dualität zwischen Europäischem Rat und Europäischer Kommission aufrechtzuerhalten? Gäbe es an deren Spitze eine Personalunion, könnten nationale Mitgliederinteressen und europäische Gemeinschaftsinteressen viel besser zusammengeführt werden. Außerdem wäre, wie das in Demokratien üblich ist, ein einziger Präsident ein sichtbares Zeichen von Einigkeit und innerer Stärke. Durchaus überlegenswert ist, diese Funktion durch direkte Volkswahl zu besetzen. Das würde auch dem immer wieder geäußerten Verlangen nach mehr Demokratie und Bürgermitbestimmung entsprechen.

Dieser direkt gewählte EU-Präsident könnte sowohl im Rat als auch in der Kommission den Vorsitz führen. Und wenn dann auch zum Beispiel ein Außenkommissar den Vorsitz im Außenministerrat führt oder der Währungskommissar Vorsitzender des Finanzministerrates wäre, könnten die nationalen Regierungsvertreter viel besser in europäische Entscheidungen eingebunden werden.

Könnte nicht auch ein stärkeres EU-Parlament mit europäischen Parteien angedacht werden, das die Wahl der Europäischen Kommission vornimmt und EU-weit geltendes Recht beschließen kann?

Viel wird auch über die Verkleinerung der Kommission diskutiert. Andererseits sollte ein Bezug der Menschen in den einzelnen Mitgliedsländern zu »ihrer« Kommission und damit auch ein engerer Bezug zu Europa gegeben sein. Um die Arbeitsfähigkeit einer zahlenmäßig großen Kommission zu gewährleisten, wäre eine noch effektivere Cluster-Bildung mehrerer Ressorts umzusetzen, zum Beispiel ein Wirtschaftscluster, der Industriepolitik, kleine und mittlere Unternehmungen, Förderungsprogramme, Handelspolitik und so weiter kombiniert und innerhalb dessen mehrere Kommissare eine gemeinsame Strategie entwickeln.

Verstärken sollten wir auch die Stellung, Aufgaben und Funktionen des Europarates. Er ist das europäische Grundfundament. Und er vermittelt weit über die Grenzen der Europäischen Union hinaus zwischen allen europäischen Ländern Bindung und könnte viel hilfreicher bei der Lösung von Konflikten zwischen seinen Mitgliedern sein.

Welche Rolle kommt dem Ausschuss der Regionen zu? Er wäre von seiner Konzeption her wegen seiner dezentralen Philosophie und Organisation eines der entscheidenden Elemente in einem handlungsfähigen Europa. Europa basiert auf den Regionen. In den Regionen ist Europa für die Menschen stärker erlebbar, dort geschehen die Dinge, die Europa in Vielfalt und Buntheit ausmachen. Kreativität und Innovationen, Infrastruktur, Ausbildung und Beschäftigung, Wissenschaft und Kultur gedeihen im regionalen Humus am besten. Die Regionen sind die Basis der europäischen Pyramide.

Dieser Ausschuss der Regionen könnte einen großartigen Erfahrungsaustausch bewerkstelligen, beste Beispiele auszeichnen, damit Anregungen vermitteln und daraus konkrete Vorschläge machen!

Keinen Zentralstaat, sondern die Vielfalt in der Einheit gilt es zu fördern. Das macht Europa menschlich und gibt ihm Einzigartigkeit in der Welt.

Der Wirtschafts- und Sozialausschuss der Europäischen Union sollte seine Positionierung in einer Zukunftsagenda im dramatischen Veränderungsprozess durch Digitalisierung, Computerisierung und Migration finden. Derzeit ist der Ausschuss ohne Profil, ineffizient und zu langsam. Er gibt Kommentare ab und erntet dafür äußerst überschaubare Resonanz. Der europäische Arbeitsmarkt mit seinen gewaltigen Herausforderungen und Umstrukturierungen, die Bildungsfragen oder der Stellenwert insbesondere der kleinen und mittleren Unternehmungen – das alles könnte unter Verzicht auf vieles andere eine unverwechselbare und gleichzeitig zukunftsnotwendige Aufgabe für den Wirtschafts- und Sozialausschuss sein.

Zusammengefasst: Wir brauchen eine Stärkung und Modernisierung der Institutionen, die der veränderten Zeit samt den neuen Herausforderungen entspricht, um wieder entscheidungs- und handlungsfähige Einrichtungen zu haben und damit auch Leadership zu ermöglichen.

Es ist erfreulich, dass wir Institutionen in der Europäischen Union haben, die diesen Notwendigkeiten entsprechen könnten: Die Regionen als Basis, der Wirtschafts- und Sozialausschuss als Standortentwickler, eine Kommission, die mit ihrem Initiativrecht viel stärkere Impulse setzt, und das lebendigste und offenste Parlament seiner Art, das ein demokratisches Role Model in der Welt wäre.

Vereinigte Staaten? Geeinigte Staaten?

Entscheidungsfähige Staaten! Handlungsfähige Staaten!

5.

INNOVATIONSFÜHRER-SCHAFT ERLANGEN!

Die Letzten werden die Ersten sein, heißt es in der Bibel. Nicht so bei den Innovationen: Dort werden die Ersten die Ersten sein!

Wissen ist weltweit verfügbar.

Es kommt allerdings darauf an, was man daraus macht.

Wer es versteht, vorhandenes Wissen bestmöglich zu kombinieren, daraus Innovationen zu entwickeln und diese rascher als andere an den richtigen Orten zu implementieren, der hat gewonnen.

Innovationen bedeuten Wertschöpfung. Wertschöpfung bedeutet Lebensstandard. Wir Europäer haben Lebensstandards, die mit einfachen Produkten in einem weltweiten Kostenwettbewerb nicht zu halten sind. Ein Begabungs- und Talente-Wettbewerb ist hingegen unsere große Chance. Kreativität, Sensibilität, Team- und Kooperationsfähigkeit, Gespür für Design und menschliche Empathie – all das wurde uns in besonderem Maße mitgegeben, es wurde uns von unserer Kultur in die Wiege gelegt.

Kreativität ist der dabei kostbarste Rohstoff, über den Europa verfügt. Sie zu pflegen, sie zu entwickeln und zur Entfaltung zu bringen, ist daher ein Grundprinzip eines Zukunftsmodells. Zu dieser Entwicklung braucht Europa das beste Bildungssystem der Welt.

Die Begleitung von Kindern durch die Eltern und Vorschuleinrichtungen ist die Basis. Warum werden Kindergärtner schlechter bezahlt als Mittelschullehrer? Keine Schule kann in Sachen Entwicklung des kreativen Potenzials aufholen, was in der Vorschule versäumt wurde.

Setzen wir daher radikal auf die Begabungspotenziale, fördern wir auch die für die Bewältigung der anstehenden Herausforderungen so unendlich wichtigen sozialen Kompetenzen und geben der Kreativität Raum, die im Stande ist, Europa vom Abstellgleis auf die Überholspur zu bringen!

In wesentlichen zukunftsrelevanten Feldern spielt Europa leider nur noch eine marginale Rolle. Kommunikation, digitale Infrastruktur und Artificial Intelligence werden zunehmend zu einem Zweikampf zwischen den USA und China.

Gleiches gilt beispielsweise für modernste Therapien in der Krebsforschung.

Hier müssen wir massiv investieren und aufrüsten, etwa mit einem Innovationshub in Straßburg.

Rüttelt es nicht auf, dass die Hälfte aller weltweit neu angemeldeten Patente aus China kommt?

Europa müsste sich auf die Suche nach Zukunftsfeldern begeben. Das heißt: nicht zu fragen: »Wo liegen wir zurück?«, sondern zu fragen: »Wo können wir vorne sein?«! Wo soll Europa Hotspot für Spitzenforschung und Innovation sein?

Ein solches Feld müsste die Kreislaufwirtschaft sein: Kreislaufwirtschaft statt Wegwerfwirtschaft!

Climate-Change-Bedrohungen werden von Tag zu Tag bewusster, sie rütteln die Menschen auf. Climate Change wird zur Climate Crisis. Es ist das größte Problem, vor dem die Menschheit heute steht.

Das wäre doch ein tolles Zukunftsfeld für eine europäische Innovationsleadership! Wir verfügen in Europa über zehntausende Energie- und Umwelttechnologie-Unternehmungen, die weltweit Spitzenleistungen anbieten können. Und wir haben großartige Wissenschafts- und Forschungseinrichtungen, die auf diesem Feld arbeiten. Wir sind mit diesem Thema also vertraut, es entspricht unseren europäischen Grundwerten von Nachhaltigkeit und Verantwortungsbewusstsein.

Dies unterstreichen auch die neue EU-Kommission und das EU-Parlament mit ihren Bekenntnissen zur ökologischen Priorität.

Aber Bekenntnis ist das eine, Umsetzung das andere.

Bei meinen weltweiten Wirtschaftsreisen habe ich festgestellt, dass die ökologischen Themen zunehmend im Fokus des Interesses der jeweils besuchten Länder standen.

Das aus gutem Grund.

Die Wüste Gobi hat inzwischen Peking erreicht, oft ist ein Blick von einem zum anderen Ende am Platz des Himmlischen Friedens nicht mehr möglich. Gelbe Nebelschwaden verhindern das. In derselben Stadt ist der Grundwasserspiegel in kürzester Zeit von 65 auf 50 Meter abgesunken. Jetzt muss Trinkwasser durch Leitungen über tausend Kilometer transportiert werden.

Es ist verständlich, warum die Chinesen im Klimaschutzabkommen von Paris verblieben sind, obwohl die Amerikaner ihren Ausstieg medial verkündet haben.

China ist heute der weltweit größte Produzent von Solarenergiepaneelen und wird auch in anderen Bereichen, zum Beispiel der E-Mobilität von Fahrzeugen, von sich hören lassen. Die Sorgenfalten sind der europäischen Automobilindustrie bereits ins Gesicht geschrieben. Wie wäre es, wenn Europa Pionier in der Wasserstofftechnologie wird?

China investiert in die Energieerzeugung in Afrika und verkauft diese Energie nach Europa. Wie wäre es, wenn wir Europäer uns in diese Richtung stärker engagieren würden?

Wir beschäftigen uns lieber hingebungsvoll mit der Frage, ob auch Atomenergie unter erneuerbare Energie einzuordnen ist. Worin, bitte, soll diese Erneuerung bestehen? Atomenergie erzeugt keinen CO_2-Ausstoß. Aber ist sie deshalb nachhaltig? Ist eine Technologie verantwortbar, deren technologische Folgen nicht zu Ende gedacht sind? Ausgediente Brennstäbe strahlen noch 5000 Jahre, egal ob sie in Bergwerken oder auf dem Meeresgrund entsorgt werden. Wer kann das verantworten? Wie steht das im Einklang mit europäischen Werten?

Wir müssen unsere Energiepolitik auf gesamteuropäischer Ebene neu definieren!

Eine gesamteuropäische Konzeption brauchen wir auch in der Umweltpolitik. Unkoordinierte Maßnahmen einzelner Länder, wie sie im Pariser Abkommen vorgesehen sind, werden nicht mehr ausreichen. Es geht um ganzheitliche Maßnahmen. Der ökologische Schwerpunkt Ursula von der Leyens ist dazu ein ermutigender Ansatzpunkt.

Die Leyen-Kommission wird der Bekämpfung der Klimakrise höchste Priorität einräumen. Mithilfe des Forschungsprogramms »Horizon Europe« und der Europäischen Investitionsbank sollen Innovationen gefördert werden. Will Europa im Kampf gegen die Klimakrise Beiträge leisten, muss dort Geld investiert werden, wo die Kosten-Nutzen-Rechnung am höchsten ist: an den Stellen der Welt, an denen Hilfe am dringendsten und notwendigsten ist. Ob es um die Entsorgung von Elektroschrott auf anderen Kontinenten oder die massive Verunreinigung mit Plastikmüll in den Weltmeeren geht: Bei einer ganzheitlichen Betrachtung ist überall der Beitrag Europas gefordert.

Aber es geht auch um ein völlig anderes Modell des Wirtschaftens: Es geht um die Kreislaufwirtschaft, Circular Economy.

Sie zeichnet sich dadurch aus, dass sie nicht nur punktuell Plastiksackerl oder Strohhalme verbietet und CO_2-Ausstoßgrenzen reduziert, sondern völlig neu und dabei doch ganz einfach denkt: Alle Ressourcen, die für Produkte und Dienstleistungen verwendet werden, sollen nach Beendigung ihrer Nutzungsdauer wieder in den Ressourcenkreislauf zurückfließen.

Ein gewaltiges, anspruchsvolles Projekt!

Aber wer wäre prädestiniert, auf diesem Gebiet einen Vorsprung herauszuarbeiten, wenn nicht wir Europäer? Sind wir nicht gerade dabei, »Horizon Europe«, das größte Wissenschafts- und Forschungsprogramm weltweit, von 80 auf 100 Milliarden Euro aufzustocken? Dort sollten wir eine Priorität setzen, die uns zur Weltspitze führt!

Eine der vordringlichsten Aufgaben der nunmehr neu bestellten Kommission wäre daher, dazu einen Masterplan zu erarbeiten, der alle Bereiche beinhaltet – von der Ausbildung bis zur Forschung, von der Finanzierung, etwa über Green Bonds, bis zur weltweiten Vermarktung. Die angekündigte Unterstützung der Europäischen Investitionsbank EIB wird dabei sehr hilfreich sein.

Ein Masterplan für Circular Economy muss die ökologische Zielsetzung, die ökonomische Umsetzung und die soziale Begleitung aufzeigen. Soll Europa bis 2050 CO_2-neutral sein, erfordert dies eine kluge Planung. Aber wenn es gelingt, auch in weltweiten Kooperationen in Wissenschaft und Wirtschaft, kann Europa in seiner Pionierrolle erfolgreich sein.

Europa als Trendsetter!

Die Bedrohung durch die Klimakrise ist im Bewusstsein der jungen Menschen verankert. Greta Thunberg hat diese Besorgnisse in Worte gekleidet und gibt ihnen ein Gesicht. Gerade die Wirtschaft könnte diesen Impuls aufgreifen und mit ökologischen Innovationen nicht nur europäische Unternehmungen erfolgreich machen, sondern auch den legitimen Anliegen unserer jungen Menschen entsprechen. Und der Diskussion über Grenzen des Wachstums eine neue Richtung geben: mit einem Ja zu einem intelligenten, qualitativen und innovativen Wachstum.

Friday for Future, but Saturday for Solution!

Europa sollte auch in der Ökologie globaler denken und handeln: Wenn die EU oder die EIB Projekte finanzieren, die zum Beispiel den CO_2-Ausstoß Europas von zehn Prozent auf neun Prozent reduzieren, kostet das eine Unmenge Geld. Das gleiche Geld in anderen Punkten der Welt eingesetzt, wo es unglaublich viel mehr bewegt, sollte in einer globalen Klima-Kosten-Nutzen-Relation abgewogen werden. Pionierprojekte in Europa ja, aber breite Anwendung in der Welt ebenso. Wir haben ein gemeinsames Klima, für das wir auch eine gemeinsame Verantwortung tragen!

Über diesem Schlüsselprojekt sollen natürlich nicht andere Entwicklungen übersehen werden. Es wäre beispielsweise wünschenswert, dass im Zusammenhang mit 5G nicht bloß Huawei und Cisco im Brennpunkt des Interesses stehen, sondern auch europäische Unternehmen wie beispielsweise Nokia, Ericsson oder Siemens.

»Europa schreibt gute Strategiepapiere, ist aber in der Umsetzung zu langsam«, meint die international erfolgreiche Infineon-Vorstandsvorsitzende Sabine Herlitschka. Wenn Ursula von der Leyen in ihrer Antrittsrede vor dem Europäischen Parlament meint: »Wir dürfen keinen einzigen Augenblick mehr verlieren«, dann weist sie in dieselbe Richtung.

Die Globalisierung, vor der sich viele fürchten und gegen die viele demonstrieren, hat bewirkt, dass die extreme Armut weltweit um zwei Drittel (!) verringert werden konnte. In vielen Ländern wie etwa in Indien und China ist eine mehrere Hundert Millionen Menschen umfassende Mittelschicht entstanden. Diese Menschen, die früher ausschließlich um ihre Existenz zu kämpfen hatten, möchten nun auch am touristischen und kulturellen Leben der Welt teilhaben.

Europäische Kultur, beispielsweise in der Musik, Architektur, Literatur, bildnerischen Kunst oder im Design, könnte ein Bereich sein, in dem wir nicht nur wirtschaftlich erfolgreich, sondern auch menschlich verbindend wirken können.

Eine faszinierende Chance für Europa!

6. ⭐

GLOBALE PARTNER-
SCHAFTEN BILDEN!

Die Gründung der Vereinten Nationen (UNO) unmittelbar nach dem Zweiten Weltkrieg sollte zu einer Weltfriedensordnung führen.

Positives wurde geleistet, vor allem aber wurde der Dialog zwischen den etwa 200 Ländern dieser Welt gepflegt.

Und dennoch krankt die UNO in ihrer Entscheidungs- und Handlungsfähigkeit an einem ähnlichen Symptom wie die Europäische Union: dem Erfordernis der Einstimmigkeit im Sicherheitsrat, dem politisch entscheidendsten Gremium. Daher gibt es in wirklich kritischen Fällen kaum Lösungen, sondern Blockaden.

Die politisch und wirtschaftlich bedeutendsten Länder der Welt haben versucht, mit anderen Formaten weiterzukommen. Die G 7 und die G 20 wurden auf politischer Ebene installiert. Aber haben sie der Entwicklung der Welt den erforderlichen Rahmen gegeben? Konnten sie Corona oder die Klimakrise entschärfen und die Finanzhaie abwehren? Haben sie internationalen Großkonzernen und raffinierten Spekulanten weltweit gültige Spielregeln vorgegeben?

Nein. Haben sie nicht.

Die mit viel Aufwand organisierten Gipfeltreffen haben nur vage Absichtserklärungen und zum Abschluss ein Gruppenfoto gebracht.

Die Welthandelsorganisation (WTO) hat sich in den vergangenen Jahrzehnten beim Abbau von Barrieren für einen freien Welthandel und für offene Marktzutrittschancen für kleine und mittlere Unternehmen unschätzbare Verdienste erworben. Jetzt aber wird sie von den US-Amerikanern blockiert, weil diese lieber in bilateralen Abkommen ihre starke Position ausspielen möchten.

Zerfällt sie, bleiben nur die existierenden Freihandelsabkommen.

Die Europäische Union ist immer für multilaterale Abkommen und damit auch zur WTO gestanden. Gemeinsame Spielregeln für den Welthandel wären heute notwendiger denn je. Statt solche Spielregeln zu bestimmen, wird lieber auf Konflikt gesetzt.

»Trade wars are easy to win!« Wer hat diesen Satz Donald Trumps nicht noch in den Ohren? Aber er stimmt einfach nicht. Handelskriege sind leicht zu beginnen, niemals aber zu gewinnen. Sie schädigen immer beide Streitparteien und beeinflussen damit natürlich auch alle anderen. In einer vernetzten Welt kann man nicht auf jemanden schießen, ohne auch sich selbst dabei zu treffen.

Wenn Trump beispielsweise 25 Prozent Strafzölle auf Autoimporte verhängt, kostet das nach Ansicht des Internationalen Währungsfonds (IWF) in Europa 1,5 Millionen Menschen den Job. Zugleich steht aber auch eine Million Amerikaner ohne Job da. Dazu kommen noch langfristig wirksame Schäden durch Unterbrechung von Wertschöpfungs- und Lieferketten.

Trump bedroht Europa mit dem Hinweis auf eine Handelsbilanz mit Überschuss für die Europäer. Er hat dabei aber glatt vergessen, die Dienstleistungen und Investitionen zu berücksichtigen. Dann sind USA und EU nämlich gleichgewichtig. Trump will Dealmaker sein, ist aber Fakemaker!

Und noch etwas: Trump ist Warmaker! Die Trade Wars sind nicht mehr und nicht weniger als der Auftakt zum Kampf um die Führung in der Welt! Wie brutal dieses Match verläuft, zeigt sich jetzt in der Auseinandersetzung mit North Stream, wo pure US-wirtschaftliche Interessen – sicherheitspolitisch verbrämt – auf den Tisch geknallt werden. Wehe Europa, wenn es dabei in die Knie geht!

Noch immer teilen Amerikaner und Europäer viele wichtige Werte, und beide Seiten haben allen Grund, sich diese auch in der praktischen Handelspolitik zu vergegenwärtigen: Vor zehn Jahren beherrschten Amerikaner und Europäer gemeinsam zwei Drittel des Welthandelsvolumens, heute ist es die Hälfte, und in zehn Jahren werden wir gemeinsam gerade noch ein

Drittel auf die Waage bringen. Wer Gewicht verliert, verliert auch Gestaltungskraft bei den Spielregeln in den Institutionen.

Vorerst bleibt der Europäischen Union gar nichts anderes übrig, als einen Plan B zu verfolgen. Und der lautet: ebenfalls bilaterale Handelsabkommen zu schließen. Und das mit möglichst allen Teilen der Welt, denn wir Europäer sind viel mehr auf die Welt angewiesen als die Welt auf uns.

Der wichtigste Wirtschaftspartner für Europa sind die USA. Ein Freihandelsabkommen mit ihnen ist daher notwendig. Wir müssen daher weiterhin eng und gut zusammenarbeiten, trotz des derzeitigen Entfremdungsprozesses. Viele meiner Freunde in den USA leiden ebenso unter Trump und seinem leichtfertigen Umgang mit der transatlantischen Gemeinschaft. Aber sie sind ohnmächtig, fürchten »four more years« und sind entsetzt über das neu entstehende Weltbild vom »ugly American«.

Trump hat nicht bei allen Themen unrecht, aber sein Trampeln zerstört viel von dem Vertrauen, dessen eine vernetzte Welt bedarf. Seine Sprunghaftigkeit schwächt Amerika und stärkt Russland und China!

Die frühere US-Außenministerin Madeleine Albright hat es auf den Punkt gebracht: »Die Freiheitsstatue weint!«.

Das Misstrauen gegen die amerikanische Politik in der Bevölkerung ist offensichtlich. Allein in Österreich haben 500000 Menschen mit ihrer Unterschrift gegen Handelsabkommen mit den USA und Kanada protestiert.

Argumente, wonach wir Europäer viel mehr nach Amerika liefern als umgekehrt, blieben ungehört. Mit irrationalen Behauptungen wurde Stimmung gegen die Abkommen gemacht.

Erst als Trump mit einem Federstrich diese Verhandlungen stoppte, weil er die Vorteile einseitig bei den Europäern sah und dies seinem America-First-Prinzip widersprach, gingen vielen die Augen auf.

Inzwischen wurden Abkommen mit Japan, Australien, Singapur und Mexiko geschlossen. Freihandel vermittelt offenen Zugang zu den Märkten, baut Zölle und andere Handelshemmnisse ab und ermöglicht damit leichteren Zugang zu den stark wachsenden Handelsplätzen auf der ganzen Welt.

Handelsverträge statt Handelskriege sollten auf der globalen Tagesordnung stehen.

Wer hinaus will, muss auch hereinlassen. Und genau dagegen regen sich Widerstände. Wo diese berechtigt sind, muss die Union Nachteile ausgleichen. Schließlich versteht sich Europa als Solidargemeinschaft und nicht als Ansammlung von Egoisten.

Wer jedoch von vornherein alles nur verhindern will, stranguliert sich schlussendlich selbst.

Mit dem Abschluss eines Abkommens mit Argentinien, Brasilien, Paraguay und Uruguay ist der Europäischen Union ein gutes Stück Arbeit gelungen. Hätte sich die Schweiz sofort diesem Abkommen angeschlossen, wäre es so furchterregend schlecht gewesen? Natürlich hat der brasilianische Präsident provoziert und negative Emotionen geweckt. Natürlich müssen in einem solchen Abkommen auch soziale und ökologische Faktoren ihren Stellenwert haben. Genau sie hat die Europäische Union in ihren Verhandlungen erreicht. Wer also die brasilianischen Regenwälder besser schützen will, muss dieses Verhandlungsergebnis begrüßen. Schlagen wir jetzt den Südamerikanern die Tür vor der Nase zu, geht sie auf der anderen Seite sofort wieder auf: Die Chinesen warten schon!

Und ihnen wäre es sicher kein besonders vordringliches Anliegen, dass sich auch Brasilien zu den Zielen des Pariser Klimaschutzabkommens bekennt. Das zu erreichen war Europa vorbehalten.

Afrika, der riesige Kontinent vor unserer Haustür, bietet uns ungeheure Chancen, auch deren Nutzung wir Europäer derzeit den Chinesen überlassen. Nicht nur der natürliche Rohstoff- und Energiereichtum Afrikas wäre in Kombination mit dem gewaltigen Know-how Europas eine tolle Zukunftsgeschichte.

Große Teile Afrikas sind derzeit das Armenhaus der Welt. Während es gelungen ist, in praktisch allen anderen Teilen der Welt extreme Armut zu beseitigen, wächst sie in Afrika. Diese Armutsfalle erhält durch den ungeheuren Bevölkerungszuwachs enorme Sprengkraft. Was machen diese Menschen, wenn sie keine Lebens-

und Zukunftschancen in ihrer eigenen Heimat vorfinden? Sie suchen sich eine neue Heimat. Sie wandern. Das wären dann nicht tausende, sondern viele Millionen Menschen, mit denen sich Europa konfrontiert sähe.

Gerade Afrika wäre von einer Klimakrise massiv betroffen. Wenn zu den wirtschaftlichen Migranten noch Climate Refugees dazukommen, wird die Situation vollends dramatisch. Daher müssen wir Europäer anders denken als die Chinesen. Diese besetzen strategisch wichtige Stellen, finanzieren eigene Infrastrukturen und setzen auf den Baustellen chinesische Arbeiter ein. Eine echte Partnerschaft schaut anders aus.

Angst davor zu haben oder die Augen vor dem Problem zu verschließen, ist nicht der richtige Weg. Partnerschaft mit Afrika heißt die Devise. Ich habe einen Marshall-Plan für Afrika vorgeschlagen. Nicht unbedingt in der Art, wie wir ihn in Europa nach dem Krieg kennengelernt haben, wohl aber könnte er ein systematischer Begleiter der Länder Afrikas in ihrer Entwicklung sein. Beim Besuch der Vereinten Nationen in New York habe ich vorgeschlagen, dass sich die UNO, die Europäische Union und die Wirtschaftsvertretungen Europas zusammentun, um gemeinsam Ziele und Konzepte für eine Partnerschaft mit Afrika zu entwerfen.

Ein Drittel der Kakaobohnen weltweit kommt aus Ghana, aber keine einzige Schokolade! Wer Afrika keine Chance gibt, gibt auch Europa keine Chance!

Ich habe mit einem österreichischen Unternehmer die Elendsviertel von Nairobi besucht. Er hat dort eine Lehrbäckerei eingerichtet und bildet junge Afrikaner aus. Sie produzieren hervorragendes Brot und verkaufen es auch. Um diese jungen Menschen zu motivieren, die Lehre nicht vorzeitig zu verlassen, hat er einen Fußballklub gegründet. Jeder, der in Ausbildung ist, darf mitspielen. Das wirkt Wunder ...

Eines von vielen guten Beispielen von in Afrika engagierten Europäern!

Das Projekt Archipelago, ein berufliches Ausbildungsprojekt getragen von der Europäischen Union und realisiert von der Europäischen Wirtschaftskammer, ist ein konkreter Ansatzpunkt.

Eine spezielle Partnerschaft braucht Europa auch mit Russland.

»Wir Russen sind Europäer. Wir sind keine Asiaten. Und wenn wir zusammenstehen in diesem Europa, können wir eine stabile Zone des Friedens und des Wohlstands schaffen«, sagte mir Wladimir Putin bei einem Besuch in Moskau. Das war allerdings vor der Krise um die Ukraine, die Krim und die Sanktionen.

Die wirtschaftlichen Sanktionen haben beiden Seiten viel Schaden zugefügt, vor allem aber einen großen Verlust von wechselseitigem Vertrauen bewirkt.

Ich war von Anbeginn an massiv gegen wirtschaftliche Sanktionen. Wirtschaft soll den Menschen dienen und nicht als Waffe gegen sie benutzt werden.

Und was ist durch die Sanktionen besser geworden? Nichts, aber vieles ist schlechter geworden: Russland hat sich im globalen Kräftemessen zu China hin orientiert.

Man kann, darf und muss nicht alles gutheißen, was Russland tut, wie umgekehrt auch Russland nicht alles gut und richtig findet, was Europa macht. Aber man muss die Gesprächsfähigkeit aufrechterhalten und sich um eine Vertrauensbasis bemühen. Sie ist über weite Strecken verloren gegangen. An ihre Stelle trat Entfremdung. Mehr noch: eine Wiederbelebung des überwunden geglaubten Kalten Krieges! Die Kündigung des Mittelstreckenraketenabkommens durch die USA ist dafür bezeichnend. Wir stehen wieder in den 1980er-Jahren, als wir fürchteten, dass in Europa Raketen stationiert werden, die im Falle des Falles den Kontinent zerstören könnten. Wir schauen zu, wir nehmen das zur Kenntnis, manche halten das sogar für gut! Nur eine gemeinsame europäische Außen- und Sicherheitspolitik hätte es in der Hand, eigenständig Strategien zu entwickeln, um aus diesem unheilvollen neuerlichen Rüstungswettlauf herauszufinden.

Was ist aus der großartigen Idee Michail Gorbatschows von 1989 geworden? Abrüsten und eine gemeinsame globale Sicherheitsallianz schaffen, die vor nuklearen Kriegsgefahren und Terrorismus schützt, hat er vorgeschlagen. Pure Machtpolitik hat die Verwirklichung dieser Vision verhindert.

Hier ist auch die Wirtschaft gefordert: Die Idee einer Freihandelszone von Lissabon bis Wladiwostok, also unter Einbeziehung der Ukraine, würde viele Verkrampfungen lösen und neue Chancen eröffnen.

Nicht in Militärbündnissen verhaftete Staaten wie Österreich, Schweden oder Finnland könnten hier eine wichtige Rolle spielen. Wien als Sitz maßgeblicher internationaler Organisationen und damit Begegnungsstätte von Diplomaten und Experten könnte Drehscheibe, Vermittler und Brückenbauer sein.

Russland ist ein wichtiges europäisches Kulturland. Großartige Schriftsteller, Maler und Musiker haben dazu wertvolle Beiträge geleistet. Wir teilen eine gemeinsame, oft sehr bittere Geschichte, aber wir sind uns wechselseitig menschlich in großer Wertschätzung verbunden. Dass Deutschland mit Russland im Petersburger Dialog, Frankreich mit Russland im Dialogue de Trianon und nunmehr Österreich mit Russland im Sotschi-Dialog verbunden sind und damit Verbindungen in den Bereichen Wirtschaft, Wissenschaft, Kultur und Sport initiiert werden, zeigt, wie es klappen könnte, das bestehende Misstrauen zumindest schrittweise zu reduzieren.

Eine transkontinentale Kooperation würde Europa, die Ukraine und Russland im globalen Wettbewerb gleichermaßen stärken und damit zur Stabilität beitragen. Dazu könnten als erster konkreter Schritt ein Abbau von Zollschranken und die Angleichung von Normen, Standards und Zertifizierungsregeln dienen. Entscheidend bleibt allerdings die politische Ebene. Dort eine europäische Sicherheitsarchitektur anzudenken, in der die Ukraine kein NATO-Mitglied und Russland als Partner eingebunden ist, könnte eine Fortsetzung der Gorbatschow-Vision von 1989 darstellen.

Eine Freihandelszone von Lissabon bis Wladiwostok könnte alle Beteiligten entscheidend stärken. Russland, derzeit in der Mitte zwischen einem europäischen Kultur- und Lebensmodell sowie China mit seiner beängstigenden Dynamik, wäre sicher gern bereit, ein Bündnis einzugehen, von dessen Richtigkeit es selbst überzeugt ist. Vom russischen Außenminister Lawrow kam diesbezüglich ein sehr interessantes Signal, nämlich die bilateralen Beziehungen zwischen der Europäischen Union und Russland wieder neu aufzusetzen und von vorne zu beginnen. Ich hoffe, die Europäische Union greift diesen Vorschlag auf.

Partnerschaften mit anderen Teilen der Welt setzen respektvollen Umgang und Dialogfähigkeit voraus. Belehrende oder moralisierende Aussagen kommen bei Verhandlungspartnern nicht gut an. Oft heißt es dann: Die Europäer predigen, die Asiaten machen das Geschäft.

Das bedeutet nun nicht, auf Grundpositionen zu verzichten, die unserer Kultur und historischen Entwicklung entsprechen. Man darf nur nicht übersehen, dass auch die jeweils andere Seite eigene Hintergründe dieser Art hat. In persönlichen Gesprächen ist es leichter, europäische Werthaltungen zu vermitteln, als mit dem erhobenen Zeigefinger.

Das gilt auch für die Türkei. Diesem Land vor unserer Haustür mit einer trotz Problemen starken Wirtschaft, talentierten jungen Menschen und hohem Innovationspotenzial müssen wir bei aller Unterschiedlichkeit in grundsätzlichen Positionen den Dialog anbieten. Ein Abbruch von Brücken ist leicht, ein Wiederaufbau meist sehr schwer. Hat die Türkei das Gefühl, vom Westen endgültig ausgestoßen zu sein, wird sie sich islamisieren und die Stabilisierung Zentralasiens erschweren.

Die Türkei würde sich in diesem Fall von Europa verabschieden und auf die asiatische Karte setzen. Den Beitritt zu einer Wirtschaftskooperation mit diesen östlich von Europa liegenden Regionen inklusive China hat die Türkei bereits beantragt.

Der heutige Staatspräsident Erdoğan war einmal ein Hoffnungsträger. Er sagte mir 2003: »Mein Ziel ist es, eine Brücke zwischen Europa und einem modernen Islam zu schaffen!«. Das ist ihm nicht gelungen, er hat im Gegenteil zu einer Verhärtung der Gegensätze beigetragen. Aber hinter Erdoğan sind andere, die Hoffnung geben. Wir sollten sie nicht enttäuschen und den Dialog aufrechterhalten. Auch hier könnte die europäische Wirtschaft einen Beitrag leisten und auf eine Modernisierung und Erweiterung des bestehenden Zollabkommens mit der Türkei drängen.

Sind die USA ein Meister der Macht, Russland ein Meister der Taktik, China ein Meister der Strategie, könnte Europa ein Meister der globalen Kooperation sein.

Ein Netzwerk globaler Partnerschaften könnte Europa einen neuen Höhenflug ermöglichen. Das Know-how Europas könnte sich hervorragend ergänzen mit den Stärken und Ressourcen anderer Länder und Kontinente.

Wie das gehen könnte, zeigt sich am Beispiel Mexiko. Ein erneuertes Freihandelsabkommen hat bereits deutliche Impulse gegeben.

Japan und Europa verbindet die Fähigkeit zur Innovation, der Wille zur ökologischen Nachhaltigkeit und die Bereitschaft, freien Welthandel zu fördern. Das sind hervorragende Ansatzpunkte für gemeinsame Wissenschafts- und Forschungsprogramme!

Die Länder Zentralasiens, deren wirtschaftliche Kraft erstaunlich und deren mentaler Bezug zu Europa viel größer ist, als wir annehmen, entwickeln sich dynamisch.

Besonderes Augenmerk müssen wir Europäer Indien widmen. Der indische Subkontinent schickt sich an, in die Spitzengruppe der Weltwirtschaft vorzudringen. 2050 wird er in der globalen Champions League vertreten sein. Die größte Demokratie der Welt mit globalem Zugang aus der Tradition des Commonwealth, mit mehr Englisch sprechenden Menschen als in den USA und mit einer Jugend, welche die

Computertechnologie in ihren Genen hat, bietet ungeheure Kooperationschancen.

Die ersten Schritte für ein Freihandelsabkommen mit Indien wurden von der Europäischen Kommission mit Unterstützung der Europäischen Wirtschaftskammer gesetzt. Bremsend in der Entwicklung Indiens ist allerdings die Tradition des Kastensystems. Aber wie sagte es mir Herr Tata, Chef des Tata-Konzerns mit 20 Milliarden Euro Jahresumsatz? »In unserem Unternehmen zählt nicht die Herkunft aus einer gesellschaftlichen Schicht, es zählen einzig und allein Begabung und Leistungswille!«

Indien wird gemäß den Prognosen von Experten in den kommenden Jahrzehnten zu den ganz großen Wirtschaftsmächten dieser Welt aufsteigen. Es sollte in Europa einen guten Partner finden.

»Economic diplomacy« ist gefordert, sie ist das Hauptanliegen der Global Chamber Platform, deren Vorsitz ich innehabe.

Natürlich brauchen wir eine gute Partnerschaft mit China. Chinesen mögen Europäer und umgekehrt. Die menschlichen Beziehungen wären also tragfähig. Europa könnte den Drachen zum Verbündeten machen, sofern eine faire Kooperation möglich ist. Europäische Unternehmen haben mit etwa 200 Milliarden Euro viel in China investiert und damit zu den Erfolgen dieses Landes beigetragen.

Chinesische Unternehmen sind in Europa ebenfalls willkommen, wenn Wettbewerb auf Augenhöhe erfolgt. Konkret: Die Chinesen kaufen den Hafen von Piräus. Könnten Europäer auch den Hafen von Schanghai kaufen? Die Chinesen pumpen Hunderte Milliarden Dollar in weltweite Kommunikationsinfrastruktur, Öl- und Gaspipelines, Strom- und Glasfasernetz- werke, Eisenbahnen, Straßen, Seehäfen und so weiter. Dagegen ist nichts einzuwenden, wenn dies auch umgekehrt möglich ist.

Seit dem Jahr 2001 ist China Mitglied der Welthandelsorganisation. Dennoch ist China im- mer noch eine staatsgelenkte Wirtschaft, was nicht zu Unrecht das Misstrauen anderer globaler Wettbewerber, insbesondere der USA, erregt. Chi- na muss sich daher entscheiden, ob es sich weiter hinter dem Vorhang eines Entwicklungslandes verstecken will oder sich klar zu den Spielregeln bekennt, mit denen man eine wirtschaftliche Spit- zenposition im globalen Wettbewerb einnehmen will. Nachdem 2020 China gemessen an der Kauf- kraftparität wirtschaftlich erstmals die USA über- holt, sollte dies eigentlich keine Frage sein.

Auch intellektuelles Eigentum muss ge- schützt sein. Präsident Xi Jinping hat sich mehr- fach öffentlich zu diesen Grundsätzen bekannt. 80 Prozent der nachgemachten und billig ange- botenen Markenprodukte stammen aus China und Hongkong. Das kann auf die Dauer nicht gut gehen, und es liegt nun an China, die An- kündigungen von Präsident Xi tatsächlich um- zusetzen. Damit könnte viel Konfliktstoff in der wirtschaftlichen Auseinandersetzung zwischen China und den USA beseitigt werden. Ein solcher Konflikt trifft selbstverständlich auch Europa und könnte zu unabsehbaren weltwirtschaftlichen Verwerfungen führen. Dazu müsste sich die Einsicht durchsetzen, dass die Auseinandersetzung um die Führungsrolle in der Welt beendet und durch ein anderes Modell ersetzt wird: Partnerschaft statt Hegemonie.

Nicht zu übersehen sind die inneren Probleme Chinas: Der starke Unterschied zwischen Arm und Reich, zwischen den Küstenregionen und dem Hinterland, die inneren Spannungen mit Tibet und den Uiguren, die gewaltigen Umweltprobleme und die engmaschige Kontrolle der Bürger durch den Staat. China muss großes Interesse daran haben, seine innere Entwicklung ohne negative äußere Einflüsse fortzusetzen, und sich daher der Kooperation öffnen.

Viele Punkte auf der Streitagenda der USA mit China betreffen genauso Europa. China muss sich an die Spielregeln eines offenen, fairen globalen Wettbewerbs halten und internationale Spielregeln beachten. Und es muss Ankündigungen in diese Richtung Taten folgen lassen. Höflichkeit und Geduld im Umgang sind angebracht, finden aber auch irgendwann ihre Grenzen. Wenn es gelingt, die USA, China und Europa aus der wirtschaftlichen Konfliktzone in ein partnerschaftliches Kooperationsmodell zu führen, wäre für alle Beteiligten, ja die ganze Welt, ein entscheidendes neues Kapitel in Sachen Vertrauen, Verlässlichkeit, Stabilität und bessere Lebensbedingungen eröffnet.

7. ⭐

AUF DEN MITTELSTAND SETZEN!

Um starker Partner zu sein, müssen wir selbst stark sein.

Eine der großen Aufgaben der neuen Kommission ist die Erstellung einer industriepolitischen Konzeption. Sie soll klare, langfristig verlässliche Rahmenbedingungen sichern. Am Beispiel der USA ist ersichtlich, wie negativ sich die Vernachlässigung des industriellen Sektors auswirkt. Europa sollte diesen Fehler nicht wiederholen, sondern eine industrielle Strategie der Berechenbarkeit für Investoren und damit eine hohe Standortattraktivität gewährleisten.

Große »Flagships« sind wichtig, ebenso aber die Flotte dahinter.

Junge Unternehmen mit tollen Ideen besonders zu unterstützen und für sie neue Möglichkeiten eines Kapitalmarktzuganges zu eröffnen, ist daher entscheidend. Viele Beispiele zeigen, dass oft erst amerikanische oder auch chinesische finanzielle Angebote eine Weiterentwicklung dieser Unternehmen ermöglicht haben, die ihnen in Europa selbst nicht geboten wurde. Gerade diesen Unternehmungen käme jedoch bei der Erlangung von Innovationsführerschaft wesentliche Bedeutung zu.

Aber bei Start-ups wird Europa abgehängt. Zwar ist großes Potenzial vorhanden, aber viel zu wenig Kapital. China setzt Staatskapital für wachsende innovative Unternehmen ein, die USA einen bestens funktionierenden Kapitalmarkt. In Europa kommt nur jedes fünfte förderungswürdige Unternehmen tatsächlich bei europäischen Förderungen zum Zug. Die anderen werden leichte Beute derjenigen, die das Kapital verfügbar haben.

In Brüssel versucht man gegenzusteuern, kommt aber nicht recht vom Fleck. Im Forschungs- und Innovationsprogramm »Horizon Europe« sind Mittel in der Höhe von zehn Milliarden Euro vorgesehen. Viel zu wenig! Daher ist die Schaffung eines Risikokapitalmarktes unverzichtbar, denn es geht nicht nur um einmalige Förderung beim Start, sondern vor allem um Begleitung beim Wachstum. Wenn jungen Unternehmern beim Wachstum das Geld ausgeht, dann wandern sie dorthin ab, wo dieses Geld verfügbar ist.

US-Geldgeber stecken circa 100 Milliarden Euro pro Jahr in die Start-up-Szene. Wie wäre es mit einem europäischen Investorenfonds in ähnlicher Größenordnung?

Neben dem Kapitalmarkt ist der Wissenstransfer zwischen Wissenschaft und Wirtschaft entscheidend.

Auch in der Forschung haben die USA einen Vorteil: Sie klotzen, während Europa national kleckert. Kooperationen zwischen Unternehmungen in den Bereichen Forschung, Innovation und Bildung sind die Ausnahmen. Sie müssten zur Regel werden.

Ich habe Automobilwerke in Deutschland, Frankreich und Italien besucht. Bei der Diskussion über die Zukunft des Automobils haben sie auf laufende Forschungen hingewiesen. Auf meine Frage, ob sie auch europäische Forschungsgelder in Anspruch genommen hätten, antworteten sie mit Nein. Warum? Sie hätten mit den Automobilwerken anderer Länder Europas kooperieren, gemeinsam forschen und entwickeln müssen. Das aber wollten sie nicht, und so haben sie sich auf rein nationale Förderungen verständigt. Alle arbeiten nebeneinander, nicht miteinander. Das ist keine europäische Industriepolitik!

In der Krise 2008/09 waren sie das Rückgrat Europas: Kleine und mittlere Unternehmen haben sich als resistent erwiesen, während viele große getaumelt sind. Die Arbeitsplätze, die bei den großen Unternehmen verloren gegangen sind, wurden durch die kleinen aufgefangen.

Gleiches gilt für die berufliche Aus- und Weiterbildung, die hauptsächlich in diesen Unternehmungen erfolgt. Auch in der Innovationsfähigkeit sind die Kleinen groß: Sie sind nahe am Kunden und reagieren rasch auf dessen Bedürfnisse.

Sie stellen sich ihrer regionalen Verantwortung und kooperieren beispielsweise mit der Landwirtschaft, um gemeinsam regionale Wertschöpfung zu erzielen.

Kleinere Betriebe sind aber nicht nur Erbringer von Dienstleistungen oder Erzeuger von Produkten, sie sind vor allem eines: menschliche Begegnungspunkte. Ungeheuer wertvoll in Zeiten zunehmender Anonymität und elektronischer Kommunikation ist der Austausch in unseren Geschäften, Wirts- und Kaffeehäusern, sind Face-to-Face-Begegnungen und nicht nur via Facebook. Persönliche Anteilnahme an Freud und Leid der Menschen ermöglicht auch in unserer heutigen Zeit seelische Bereicherungen.

Dies sich vor Augen zu halten, ist notwendig. Denn alle blicken gebannt ausschließlich auf die Großen. Will ein großes Unternehmen irgendwo 500 Arbeitsplätze schaffen, liegen alle Politiker flach am Bauch, rote Teppiche werden ausgerollt, Blumenkinder auf den Weg geschickt, und Musikkapellen begleiten den großen Festakt.

Wie ist das aber, wenn die kleinen und mittleren Unternehmen Woche für Woche über 1000 neue Arbeitsplätze in Österreich schaffen? Da kräht kein Hahn danach …

Die wahren Großen sind die Kleinen.

Small ist lebenswichtig!

Für die kleinen und mittleren Unternehmen bedeutet dies, sie aus den Fesseln der Bürokratie zu befreien und bei Steuern und Abgaben

Fairness gegenüber großen Unternehmungen zu gewährleisten.

Krisen zwingen dazu, Dinge anders zu machen. Das gilt auch für die Coronakrise. In ihrer Folge wird verstärkter Zusammenhalt, erhöhte Kreativität und raschere Innovation erforderlich sein. Das alles können kleine und mittlere Unternehmen in besonderer Weise. Sie haben schon bei der letzten Finanzkrise 2008/09 bewiesen, dass sie der stabile Faktor sind und haben in hohem Maße Resilienz bewiesen.

Die Wirtschaft wird im Zuge der Coronakrise ihr Gesicht verändern. Manche Branchen verlieren an Bedeutung, neues jedoch wird entstehen. Neue Formen an Produkten und Dienstleistungen, neue Formen an Arbeit und Kommunikation, neue Lösungen für die großen Probleme unserer Zeit und unsere individuellen Verhaltensweisen sind gefordert. Die kleinen und mittleren Unternehmen haben die Chance, dies erfolgreich zu bewerkstelligen. Ja, mehr noch, sie tragen ein sehr hohes Maß an Verantwortung dafür. Sie verdienen jegliche Unterstützung. Dann können sie ihre ihnen zugedachte Aufgabe als Zugpferde aus der Krise auch tatsächlich erfüllen.

Dieser Mittelstand umfasst jedoch nicht nur Betriebe und ihre Mitarbeitenden. Alle Menschen, die gesellschaftliche Leistungen erbringen, auch im öffentlichen Sektor, beispielsweise als Wissenschaftler oder Polizist, Lehrer oder Krankenschwester, sind Leistungserbringer und gehören daher zum Mittelstand. Sie gilt es zu pflegen, zu fördern und zu motivieren! Der alte Spruch »Leistung muss sich lohnen!« gilt heute mehr denn je. Beherzigen wir ihn!

Es sind die Leistungswilligen, die Europa in die Zukunft tragen.

8. ⭐

LASSEN WIR
DIE JUNGEN RAN!

Albert Einstein hat einmal gesagt: »Mehr als die Vergangenheit interessiert mich die Zukunft, denn in ihr gedenke ich zu leben!«.

Dies sei allen Nationalisten, Egoisten und Protektionisten ins Stammbuch geschrieben. Es ist schon verständlich, dass Jahrhunderte nationalstaatlichen Denkens und des Kämpfens gegeneinander nicht in wenigen Jahrzehnten gemeinsamen Handelns ausgelöscht werden können. Aber wer bei der Autofahrt nur in den Rückspiegel schaut, wird irgendwann einen Unfall verursachen. Vorwärts zu schauen, um ans Ziel zu kommen, ist daher nicht nur beim Autofahren die Devise.

Wer aber schaut mehr vorwärts als unsere jungen Menschen? Wer interessiert sich mehr für die Zukunft als sie, deren Hoffnungen im Morgen liegen und die nicht in Erinnerungen ans Gestern verweilen? Die ganz konkret hoffen, ihre Lebenswünsche erfüllen zu können: Ausbildung, Arbeit, Einkommen, Familie, Lebenskultur und Lebenslust?

Wie sagte es ein Teilnehmer am europäischen Jugendmeeting in der Europaburg? »Wir müssen das Gefühl fördern, dass die Jugend Teil des europäischen Projekts ist, und wir müssen Brücken zwischen jungen Menschen und der EU schlagen, um Vertrauen zurückzugewinnen und unsere eigene Beteiligung zu erhöhen.« Dieser junge Mann kam aus Ungarn. Er brachte auf den Punkt, wo wir ansetzen müssen, um die europäische Einigungsidee stärker in den Köpfen und Herzen unserer Jungen zu verankern.

Junge Menschen sind signifikant optimistischer und positiver zu Europa eingestellt. Lassen wir sie doch mitwirken! Geben wir ihnen eine Chance! Wie viele unter 30-Jährige sind Mitglieder im neu gewählten Europäischen Parlament? Genau 29 Abgeordnete sind unter 30, keine drei Prozent. Aber 145 sind über 60 Jahre. Geben wir den Jungen daher andere Möglichkeiten zur Mitwirkung. Lassen wir sie ihre Ideen entwickeln und helfen wir ihnen, sie umzusetzen. Der Vorschlag Ursula von der Leyens, einen Dialog über die Zukunft Europas aufzusetzen, sollte in ganz besonderer Weise daher auch junge Menschen mit einbeziehen. Auf sie sollte man hören und ihnen Gelegenheit zur Mitwirkung und Mitgestaltung Europas und damit ihrer Zukunft geben. Die Einrichtung eines Europäischen Jugendparlaments wäre eine Anregung dazu und könnte der Jugend eine unüberhörbare Stimme geben.

Ja, auch die Jungen haben Fehler gemacht. Hätten sie sich bei der Brexit-Abstimmung stärker beteiligt, wäre diese anders ausgegangen. Aber immerhin haben sie sich danach zu Wort gemeldet – mit der mit einer Million Menschen größten Pro-Europa-Demonstration, die es jemals gegeben hat, haben sie einen Markstein gesetzt.

Jugendbegegnungen und Jugendaustausch haben das europäische Einigungswerk maßgeblich begleitet. Das Deutsch-Französische Jugendwerk hat hundertmal mehr dazu beigetragen, Deutschland und Frankreich zu versöhnten Partnern zu machen, als dies alle Verträge zwischen den Regierungen beider Länder vermocht hätten.

Solche Jugendbegegnungen brauchen wir heute wieder. Vor allem mit den jungen Menschen jener Länder, die hinter dem Eisernen Vorhang leben mussten und die vielfältigen Möglichkeiten Europas noch nicht erfahren konnten. Jugendbegegnungen zwischen dem Ost- und Westflügel des europäischen Hauses kommt daher entscheidende Bedeutung für das wechselseitige Verständnis zu.

Bei einem Treffen russischer und ukrainischer Jugendlicher bei der europäischen Jugendbegegnung in Neumarkt meinte eine Studentin aus Kiew: »Es ist doch schöner, hier miteinander reden zu können, als daheim aufeinander zu schießen!«.

Die Schaffung eines »Spirit of Europe« soll den vielerorts verloren gegangenen Gemeinschaftsgeist wieder beflügeln und klarmachen, dass »Europe Together« eine gute Antwort auf »America First« und »China Strong« ist! Und dass unsere Werte mit den Wurzeln der Demokratie im antiken Griechenland, der Rechtsstaatlichkeit im antiken Römischen Reich sowie dem Christentum im Reich Karls des Großen in Verbindung mit Humanismus, Toleranz und Solidarität die Werte sind, für die es sich lohnt zu kämpfen, und die mithelfen, in einer hochkomplexen Welt wieder einen Kompass zur Hand zu haben, der Menschen auf ihrer Wanderung durch die Zeit Sicherheit gibt.

Junge Leute wollen drei »p«: peace, perspectives, prosperity.

Meine Vision für ein neues Europa: jünger, bunter, weiblicher!

Meine Bitte: Junge Menschen, macht das müde Europa wieder munter!

9. ⭐

DEN GOVERNANCE-
WETTBEWERB GEWINNEN!

Die Chinesen sagen: »Wir entscheiden nicht immer alles richtig, aber wir entscheiden rasch, und darauf kommt es heute an. Bis ihr Europäer ausdiskutiert habt, wohin ihr wollt, sind wir längst schon dort!«.

Wer das Reich der Mitte besucht, wer die Ziele und Strategien dieses Landes kennt, wer sich dessen Ressourcen bewusst ist und wer die atemberaubende Dynamik der Entwicklung Chinas mitverfolgt, muss dem recht geben.

China will eine Rückkehr auf jene Position, die es vor über 3000 Jahren innegehabt hat: Damals war es das bedeutendste Land der Welt.

Die Amerikaner spüren das und wollen ihre noch vorhandenen Machtmittel mit aller Vehemenz dagegen einsetzen. Sie können die Entwicklung damit möglicherweise verzögern, aufhalten können sie sie nicht.

Wir Europäer haben die Dimension oft noch gar nicht richtig erfasst. Peking? Dort soll es angeblich viele Fahrräder geben …

Wenn wir den chinesischen Aufstieg verfolgen, denken wir an den wirtschaftlichen, politischen und militärischen Machtzuwachs sowie das gewaltige Potenzial dieses Reiches der Mitte. Wir beobachten argwöhnisch andere Verhaltensweisen, etwa im Bereich der Menschenrechte, registrieren aber auch einen positiven Schwenk in Richtung ökologischen Verhaltens und sind beeindruckt von dem klaren Plan, den dieses Land verfolgt.

Viel zu wenig bewusst ist uns eine andere entscheidende Herausforderung: Welches der Regierungssysteme ist besser geeignet, den Notwendigkeiten und Anforderungen des 21. Jahrhunderts zu entsprechen?

Wir befinden uns im Wettbewerb der Regierungssysteme: liberale Demokratien gegen straff organisierte Autokratien.

Aber es genügt nicht, nur die uns vertrauten Werte der liberalen Demokratie zu verteidigen. Alle Governance-Systeme, also auch die der liberalen Demokratie und der sozialen Marktwirtschaft, sind Instrumente. Vermögen sie nicht die Erwartungen, Hoffnungen und Wünsche der Menschen zu erfüllen, verlieren sie an Wirkungskraft und Legitimation. Dessen sollten wir uns ganz klar bewusst sein.

Daher gilt auch für die Demokratie, was für alle anderen gesellschaftlichen Bereiche gilt: Sie muss sich kreativ und innovativ den Veränderungen der Zeit und den geänderten Erwartungen der Menschen anpassen.

Die Weiterentwicklung der Demokratie ist ohne Alternative, wenn wir weiter in ihr und mit ihr leben wollen!

2049: 100 Jahre kommunistisches China, aber auch 100 Jahre demokratisches Europa. Wer wird gewinnen?

Gewinnen wird, wer es besser schafft, rasche Entscheidungen mit den Grundprinzipien der Rechtsstaatlichkeit und der Menschenwürde in Einklang zu bringen. Das kann China sein, wenn es ihm gelingt, Rechtsstaatlichkeit und Menschenwürde in seine Entscheidungsprozesse einzufügen.

Das kann aber auch Europa sein, wenn es seine institutionellen Lähmungen und bürokratischen Fesselungen ablegt.

Konzentrieren wir uns auf Europa. Wie gehen wir es an, dass Bürokratie nicht mehr lähmt, sondern sich als serviceorientierter Begleiter bei der Umsetzung von Strategien bewährt? Wie schaffen wir es, der bürokratischen Hydra Köpfe abzuschlagen, ohne dass gleichzeitig weitere nachwachsen? Die Juncker-Kommission hat Weichen in diese Richtung gestellt. Das REFIT-Programm sollte überschießende bürokratische Regelungen eindämmen, vor allem aber das Entstehen neuer verhindern. Erste Erfolge gab es, auch Mitgliedsländer wie beispielsweise Österreich haben das sogenannte »Gold Plating«, also das Aufdoppeln auf europäische Vorschriften, massiv eingeschränkt.

Das ist ermutigend, aber bei Weitem nicht ausreichend.

Bürokratische Verfahren, gleichgültig, ob es um Betriebsanlage-, Asyl- oder Zulassungsverfahren geht, sollten mit einem strengen strukturell und zeitlich definierten Korsett versehen werden: keine Einschränkung, aber auch kein Missbrauch der Bürgerrechte mit zeit- und kostenintensiven Verfahrensverschleppungen.

Das ist möglich. In den zehn Jahren meiner Regierungstätigkeit in Oberösterreich haben wir ohne Beschneidung eines einzigen Bürgerrechts durch straffe, gut vorbereitete und präzise ablaufende Verfahren deren Dauer von durchschnittlich 36 auf unter 3 Monate verkürzt und damit enorm an Standortattraktivität gewonnen!

Große Investitionen wären in Asien oder Amerika gelandet, hätten wir die Verfahrensdauer nicht um 90 Prozent reduziert!

Sind wir in Europa so weit? Noch eine Aufgabe für die neue Kommission und das neue Parlament!

Effiziente Bürokratie muss aber auch zwei wesentliche Eckpfeiler berücksichtigen: Subsidiarität und Proportionalität.

Das Prinzip Proportionalität bedeutet, nicht alle Bestimmungen für alle gleichermaßen anzuwenden. Beispielsweise ist es jetzt gelungen, zehn Prozent der statistischen Anforderungen für kleine und mittlere Unternehmen ersatzlos auslaufen zu lassen. Allein das spart 100 Millionen im Jahr.

Auch im Sektor Kreditwesen wurde Proportionalität nach harten und mühevollen Bemühungen umgesetzt. Warum soll ein kleines lokales Bankinstitut einen ähnlichen Vorschriftenwust zu erfüllen haben wie ein international tätiges großes Unternehmen dieser Branche?

Noch etwas: Wir haben es mit mündigen und eigenverantwortlichen Menschen zu tun. Daher Ja zu jeder Form von Information des Konsumenten, aber Nein zu einem Wust von Regulierungen, die Eigenbeurteilung und damit Eigenverantwortung außer Kraft setzen und nur zu bürokratischen und finanziellen Belastungen führen. Wie eine Corporate Social Responsibility sollte es auch eine Civil Social Responsibility geben!

Apropos Responsibility: Unsere Gesetze sollten nicht alles bis ins kleinste Detail regeln, sondern Ermessensspielraum zulassen. Wie oft verhindern buchstabengetreue Anwendungen von Gesetzen Lösungen mit Hausverstand! Nicht den Buchstaben nach, sondern dem Geiste nach sollten die Gesetze angewendet werden und den anwendenden Behörden daher auch entsprechenden Spielraum für Entscheidungen lassen.

Mit effizienter Bürokratie könnte Europa eine neue Gründerwelle auslösen, Kreativität und Spitzenleistungen forcieren, schöpferische Fantasie entwickeln, Entrepreneurship begleiten und erfolgreich sein mit den drei »I«: Inspiration, Innovation, Implementation.

Aber nicht nur die Bürokratie lähmt. Auch die Institutionen sind viel zu schwerfällig und werden sowohl innerhalb als auch außerhalb Europas daher nicht mit dem Respekt behandelt, der ihnen zukommt. Schließlich sind sie die entscheidenden Weichensteller für unser aller Zukunft.

Diese Schwerfälligkeit wäre leicht zu beseitigen, und zwar mit einem ganz einfachen Rezept namens Subsidiarität. Lassen wir die kleinen Probleme durch die kleinen Einheiten lösen, und geben wir der europäischen Ebene die wirklich großen zukunftsentscheidenden und existenziellen Kompetenzen!

Der Entwurf für eine neue europäische Verfassung lag am Tisch. Vom Parlament mit übergroßer Mehrheit beschlossen, wurde es durch Volksabstimmungen in zwei Ländern zunichtegemacht.

Starten wir neu! Nehmen wir einen zweiten Anlauf! Wenn wir einen Durchbruch schaffen, sind wir einen großen Schritt weiter im globalen Governance-Wettbewerb!

2049 könnte tatsächlich das Jahr Europas sein, wenn es gelingt, nicht nur davon zu träumen, sondern es tatsächlich auch zu tun.

Just do it! Das ist es, was die Chinesen erkannt haben und wir erst erkennen müssen, um aus unserer Selbstzufriedenheit herauszukommen, dem europäischen Phoenix aus der Asche zu verhelfen und mithilfe der jungen Menschen einen neuen »Spirit of Europe« zu entwickeln.

10. ⭐

GROSSBRITANNIEN BLEIBT EUROPA!

Winston Churchill meinte einmal, wenn die Engländer die Wahl zwischen Europa und dem offenen Meer hätten, würden sie sich für das offene Meer entscheiden.

Auch in seiner historischen Rede in Zürich 1946, in der er weitsichtig Vereinigte Staaten von Europa als aus dem Zweiten Weltkrieg geborene Zukunftsvision vorschlug, sah er Großbritannien als Partner, aber nicht als Bestandteil dieses vereinigten Europas.

Mit seinem aus dem ehemaligen Kolonialreich entstandenen Commonwealth hatte Großbritannien schon immer eine andere Strategie eingeschlagen und verharrt darin bis heute.

Der französische Staatspräsident Charles de Gaulle hat sich lange geweigert, dem Beitritt Großbritanniens zur damaligen Europäischen Wirtschaftsgemeinschaft EWG zuzustimmen. Nicht aus wirtschaftlichen Gründen, sondern aus politischen. Seiner Meinung nach hat Großbritannien nicht zu Europa gepasst. Er hat damit im Prinzip nur die Meinung von Winston Churchill vertreten.

Churchill wollte mit Großbritannien nicht dabei sein, de Gaulle wollte Großbritannien nicht dabeihaben.

Und doch kam es 1973 – also nach de Gaulle – zum Beitritt. Es war von Anfang an keine harmonische Beziehung. »I want my money back« – die streitbare Margaret Thatcher begann wenige Jahre später einen Streit ums Geld. Beitritt zu Schengen? Kommt nicht infrage. Eintritt in die Eurozone? Wurde nie ernsthaft erwogen.

Großbritannien ist nie wirklich in Europa angekommen, in einem Europa, das nicht nur eine wirtschaftliche, sondern auch eine ökologische und soziale Gemeinschaft ist, die nach außen immer einheitlicher auftreten will und muss.

Genau das aber wollten die Briten nicht. So standen sich zwei europäische Philosophien gegenüber. Der Brexit ist die logische Folge.

Verwundert hat mich, dass das Ergebnis der Volksabstimmung so große Überraschung ausgelöst hat. Die Stimmung auf der Insel war in den vergangenen Jahrzehnten immer gegen das Projekt Europa. Und wenn in der EU Extrawürstel verlangt wurden, war stets auch das Vereinigte Königreich dabei.

Das Vereinigte Königreich? Nein! Schottland und Nordirland haben mehrheitlich für den Verbleib in der Union gestimmt. In Wales gibt es massive Bedenken.

Aus dem United Kingdom ist ein Divided Kingdom geworden.

Unerklärlich ist die Rolle, die die Queen spielt. Natürlich ist es Tradition, sich aus der Politik herauszuhalten. Aber gilt das auch, wenn es um den Bestand und den inneren Zusammenhalt des von ihr repräsentierten Vereinigten Königreiches geht? Kann eine Mutter zuschauen, wenn sich ihre Kinder heillos zerstreiten und sogar Trennungsszenarien überlegt werden?

Ein Mitglied der europäischen Familie will aus dem gemeinsamen Haus ausziehen. Das macht das Herz schwer.

Großbritannien hat zum gemeinsamen Projekt Europäische Union auch sehr positive Beiträge geleistet. Freihandelsabkommen, Deregulierung – da war auf Großbritannien Verlass. Das wird fehlen.

Natürlich erleidet die Europäische Union einen Gewichtsverlust nach außen: Die zweitgrößte Volkswirtschaft scheidet aus dem Einigungsprojekt aus, das verringert die politische Bedeutung Europas in der Welt.

Und schließlich ist auch das Ansehen der Demokratie gesunken. Die Vorstellung der britischen Politik war alles andere als ein Lehrbeispiel für die Demokratie als die Vorreiterin im Wettbewerb der politischen Systeme. Die formal wohl legale, optisch aber katastrophale Beurlaubung des Parlamentes durch Boris Johnson hat den Autokraten dieser Welt ein Lächeln ins Gesicht gezaubert.

Natürlich gibt es auch enorme wirtschaftliche Probleme. Fünf Prozent der EU-Ausfuhren gehen nach Großbritannien und 45 Prozent der Exporte von Großbritannien in die Europäische Union. Das enorme Gefährdungspotenzial für Wirtschaft, Arbeitsplätze und Investitionen ist offenkundig.

Aber es gibt durchaus auch positive Seiten für die Union. Der Einigungskurs Europas ist nunmehr klarer, das notwendige Zusammenrücken wird einfacher.

Das negative Schauspiel der Briten hat immerhin dazu geführt, dass kein anderes Mitglied der Europäischen Union diesem Beispiel folgen will. Vorher sah das noch anders aus.

Michel Barnier hat als Chefverhandler gezeigt, dass Europa mit einer Stimme sprechen kann und die 27 Länder geschlossen eine Meinung vertreten können. Sie haben in bemerkenswerter Weise die Errungenschaft des gemeinsamen Marktes verteidigt.

Und schließlich: Will Europa strategisch eine stärkere Unabhängigkeit von den USA erreichen, so geht das ohne Großbritannien wesentlich leichter.

Die entscheidende Frage ist jedoch: Wie geht es weiter?

Wenn ein Mitglied der Familie aus dem gemeinsamen Haus auszieht, bleibt es doch Mitglied der Familie. Einer Familie, die ja auch Vorteile bietet: Großbritannien ist zum Beispiel an der Teilnahme am Forschungs- und Innovations-

projekt »Horizon Europe« und am Jugendaustauschprogramm Erasmus höchst interessiert.

Eine enge Zusammenarbeit auf dem Sektor
Sicherheit und Terrorvermeidung ist im vitalen
Interesse beider Seiten. Macron hat hier den in-
teressanten Vorschlag eines Sicherheitsrates für
Europa gemacht. Wir sollten ihn aufgreifen!

Wirtschaftlich ist es in Großbritannien schon
bisher nicht immer rund gelaufen. Die Währung musste abgewertet werden, die Investiti-
onstätigkeit im Lande hat an Dynamik verloren,
das Wirtschaftswachstum ist im europäischen
Vergleich das niedrigste. Vage Hoffnungen auf
den Commonwealth haben sich nicht erfüllt.
Theresa May wollte in Indien ausloten, wie die
Chancen für ein Freihandelsabkommen zwischen Indien und Großbritannien stehen. Indi-
en gab zu verstehen, dass es lieber mit Europa
verhandelt.

Die USA, die nur einen vergleichsweise kleinen Anteil (13 Prozent) der britischen Exporte
abnehmen (EU: 45 Prozent), wollen die Briten
mit einem Freihandelsabkommen locken. Trump
will auf diese Weise Europa schwächen. Er hat
aber ebenso unmissverständlich klargemacht,
dass ein solches Freihandelsabkommen für
Großbritannien einen hohen Kaufpreis hat. Und
der US-Kongress ist nicht bereit, für die Briten
Extrawürstel zu braten ...

Dennoch: Die Trennung von einer Familie
ist nicht das Ende einer familiären Beziehung.
Die Wirtschaft wird Wege finden, situations-

flexibel beidseitige Interessen miteinander zu verbinden. Die Kooperation wird eine Fortsetzung finden, wenn auch unter neuen Voraussetzungen.

Auch wenn sie die Union politisch verlassen wollen, könnten sie wirtschaftlich bleiben und damit einen gar nicht abschätzbaren, massiven Schaden vom Land abwenden.

Die Briten hängen von der Welt ab, nicht die Welt von den Briten!

Aber die Briten sind keine ökonomischen Selbstmörder, sie wollen auch die internen Spannungen insbesondere mit Schottland nicht auf die Spitze treiben. Sie werden daher pragmatischen Lösungen zugänglich sein.

Reisewillige soll man nicht aufhalten. Zugleich soll das Haus Europa jedoch seine Türen offenhalten.

Am Morgen nach der Parlamentswahl in Großbritannien habe ich mich im *BBC*-Interview an die jungen Menschen gewandt: »Viele von euch sind heute enttäuscht und machen sich Sorgen um ihre Zukunft. Aber denkt daran: Das Haus Europa bleibt auch euer Haus, seine Türen stehen euch immer offen. Und denkt auch an die Geschichte in der Bibel vom verlorenen Sohn: Er ist wieder zurückgekommen!«.

11. ⭐

EUROPA
WEITERDENKEN!

Ein politisch geeintes Europa ist mehr als eine Vision, weil es eine schlichte Überlebensnotwendigkeit ist.

Dieses geeinte Europa soll keine Kopie der USA sein, sondern ein spezifisch den europäischen Notwendigkeiten, Werten, Traditionen und Bedürfnissen entsprechendes politisches Gebilde.

»Einheit in der Vielfalt« ist die Philosophie Europas. Auf diese Vielfalt, auf die unterschiedlichen kulturellen und zivilisatorischen Ausprägungen sind wir stolz. Sie sind die wesentliche Grundlage für die schöpferische Kraft Europas!

Politik, die das unmittelbare Lebensumfeld der Menschen betrifft, soll soweit als möglich auf der lokalen und regionalen Ebene erfolgen. Die Nationalstaaten koordinieren diese kleineren Einheiten, gestalten Rahmenbedingungen und schaffen über ihre gewählten Institutionen eine Vertretung im europäischen Ganzen.

Die geeinten Staaten von Europa, ein einiges Europa oder wie immer man es auch nen-

nen will, muss an zwei Kriterien gemessen werden: Entscheidungsfähigkeit und Handlungsfähigkeit.

Beides ist uns abhandengekommen. Beides aber ist essenziell, wollen sieben Prozent der Weltbevölkerung auf der globalen Bühne eine Rolle spielen, wollen sie Werthaltungen einbringen und die globalen Rahmenbedingungen mitgestalten.

Das traditionelle Modell einer Erweiterung Europas ist heute nur noch begrenzt anwendbar. Neue Formen gilt es zu überlegen. Gemeinsam mit dem ehemaligen Vizepräsidenten der Europäischen Kommission, Günter Verheugen, habe ich in diesem Zusammenhang das Drei-Konzentrische-Kreise-Modell entwickelt. Der erste, innere Kreis soll ein vertieftes, entscheidungs- und handlungsfähiges Europa sein. Der zweite Kreis wäre die bestehende Europäische Union in ihrer jeweiligen Form, der dritte Kreis ein gemeinsamer europäischer Wirtschafts-, Wissenschafts- und Kulturraum, der sich weit über den heutigen Umfang der EU hinaus erstreckt und den Mittelmeerraum und Osteuropa inklusive Russland und Ukraine umfassen könnte.

Emmanuel Macron hat den Vorschlag eines stufenweisen Beitritts neuer Mitglieder gemacht. Schritt für Schritt soll die Integration je nach Fortschritten des beitrittswilligen Landes erfolgen. Am Beginn soll die Rechtsstaatlichkeit stehen, am Ende die wirtschaftliche Integration.

Wie immer man die Reihenfolge beurteilen mag – dieser Gedanke hat viel für sich, auch für die beitrittswilligen Länder.

Europa muss offensive Themen stärker ansprechen und für die Umsetzung Verbündete gewinnen. Beispielsweise dann, wenn die Amerikaner im Begriff sind, die internationale Welthandelsorganisation zu zerstören oder mutwillig den Konsens der Weltklimakonferenz von Paris aufzukündigen.

Die USA sind ein wichtiges Land und gerade Europa muss den Vereinigten Staaten schon aus historischen Gründen Wertschätzung und respektvolle Beziehungen entbieten. Europa hat aber auch eine eigene Verantwortlichkeit, der es entsprechen muss. Das kann es nur, wenn es unabhängig ist und nicht an der Leine von »Big Brother« geführt wird.

Dass nur ein einiges Europa fähig ist, wesentliche Herausforderungen unserer Zeit zu bewältigen, steht außer Zweifel.

Dennoch sind Zerstörer unterwegs, die diesen Einigungsprozess nicht konstruktiv nach vorne bewegen wollen und ihn auf nationalstaatlicher Ebenen torpedieren.

Dazu zwei Klarstellungen aus meiner Sicht:

Erstens: Ein guter und zu befürwortender Patriotismus darf nicht mit einem isolationistischen und egoistischen Nationalismus verwechselt werden.

Und zweitens: Einer Rückführung von EU-Kompetenzen in den nationalen – oder auch regionalen – Bereich steht dann nichts im Wege, wenn dies dem Subsidiaritätsprinzip und der Bürgernähe entspricht. Aber Europa muss in den großen Fragen mehr Kompetenzen haben, in kleinen Dingen kann es durchaus Rückführungen auf die Ebene der Mitgliedsländer oder Regionen geben.

Die großen Herausforderungen liegen im Wesentlichen in einer gemeinsamen Außen- und Sicherheitspolitik sowie Wirtschafts- und Währungspolitik.

Viele Ideen dazu werden bereits diskutiert: eine europäische Armee, ein europäischer Finanzminister mit eigenem Budget und einiges mehr.

Aber in vielen Staaten Europas sind Mehrheiten für solche Ideen, bei notwendigen Plebisziten, nicht zu gewinnen. Damit ist eine erforderliche EU-Vertragsänderung auch schon wegen dem damit verbundenen Einstimmigkeitserfordernis illusorisch.

Daraus ist ableitbar, dass wir eine neue Strategie brauchen, um zum Ziel zu gelangen. Mit dem geschilderten Modell konzentrischer Kreise könnten Einigungspioniere vorausgehen, um das zu tun, was notwendig ist.

Wie könnte nun eine solche vertiefte Zusammenarbeit gestaltet werden? Im Rahmen eines Zusatzvertrages, also keiner EU-Vertragsänderung, könnten sich einzelne dazu bereite Staaten der Europäischen Union zusammenschließen, um die Außen-, Sicherheits-, Verteidigungs- und Migrationspolitik zu koordinieren.

Eine solche vertiefte Koordination bei klarer Zielsetzung könnte eine realistische Möglichkeit sein, große Probleme Europas tatsächlich in Angriff zu nehmen.

Und man könnte mit den richtigen Argumenten auch die Menschen dafür gewinnen. Eine gemeinsame europäische Armee schreckt Menschen ab, eine verstärkte Zusammenarbeit bei Sicherheit und Verteidigung wird hingegen begrüßt. Europäische Bürger spüren sehr genau, worauf es ankommt.

Das gilt besonders auch für das heiße Thema Immigration. Ursula von der Leyen hat dazu neue Vorschläge angekündigt. Offene Grenzen innerhalb der EU bedürfen eines gemeinsamen Schutzes der Außengrenzen. Da dürfen nicht nationale Karten gegen die europäische Solidarität ausgespielt werden. Und wir müssen klar trennen zwischen Asylbewerbern, also Menschen, die unsere Hilfe brauchen, und Migranten, deren Hilfe wir brauchen.

Sicherheit ist aber ein viel umfassenderes Thema. Es betrifft auch das persönliche Sicherheitsrisiko, Alter, Krankheit und Arbeitslosigkeit, die Sicherheit der Ersparnisse und damit des Bankensystems, die langfristige Jobsicherheit durch Weiterbildungsangebote, Sicherheit vor der um sich greifenden Cyberkriminalität bis hin zur Sicherheit bei Nahrungsmitteln, Produkten und Dienstleistungen. All das braucht mehr Abstimmung, mehr Verständigung, mehr Kooperation.

Neben dieser sicherheitspolitischen vertieften Zusammenarbeit sollte es eine solche Kooperation auch im Wirtschaftsbereich geben. Koordinierte Wirtschaftspolitik, starke Währungspolitik, faire Steuerpolitik und Maßnahmen zur Stützung der Realwirtschaft gegen eine spekulative Finanzwirtschaft könnten Ansatzpunkte dazu sein.

Die Vervollständigung des gemeinsamen Marktes in den Bereichen Dienstleistung, Digitalisierung und Energie wäre ebenso erforderlich wie eine Neudefinition der Wettbewerbsregeln. Derzeit ist die Kommission stark auf den Erhalt des Wettbewerbs fokussiert. Sie verhindert aber auch Zusammenschlüsse, die in der globalen Welt eine Wettbewerbsnotwendigkeit darstellen.

Auch eine Banken- und Kapitalmarktstrategie und eine stärkere Vergemeinschaftung der Steuerpolitik wären anzudenken. Warum sollte bei der Unternehmensbesteuerung nicht Ähnliches gelten wie bei der Mehrwertsteuer: klare Bemessungsgrundlagen und eine Bandbreite bei den Steuersätzen, damit nationaler Bewegungs- und Gestaltungsspielraum verbleibt.

Brauchen wir einen europäischen Finanzminister mit eigenem Budget? Einige Argumente sprechen dafür, wie die Möglichkeit einer gezielten Steuerung. Jedenfalls aber wäre eine bessere Koordination der nationalen Budgetpolitiken mit Aufwertung des zuständigen Kommissars ein geeigneter Ansatz.

Der zuständige EU-Kommissar als Vorsitzender und Koordinator im Rat der Finanzminister könnte genau dieses Ziel erreichen!

Schließlich geht es auch um den Arbeitsmarkt. Er entwickelt sich nur langsam zu einem wirklich gemeinsamen Markt, worauf schon allein die unterschiedlichen Arbeitslosenraten in den einzelnen Ländern und Regionen hindeuten. Das *Mismatch* zwischen dringend benötigten Fachkräften auf der einen Seite und hohen Jugendarbeitslosenzahlen auf der anderen zu beseitigen, wäre eine der zentralen Aufgaben der Europäischen Kommission.

Auch hier könnte der zuständige EU-Kommissar die nationalen Arbeitsmarktminister koordinieren, mit ihnen gemeinsam Ziele definieren und dann auch umsetzen.

Braucht eine solche vertiefte Zusammenarbeit auch neue Gremien? Nicht unbedingt. Man könnte die bestehenden Einrichtungen wie Parlament, Kommission und Rat wie bisher belassen, aber in Angelegenheiten der vertieften Zusammenarbeit mit den Vertretern der teilnehmenden Länder eigene, weitergehende Beschlüsse fassen. Ansätze gibt es dafür auch schon heute, zum Beispiel in der Eurozone.

Wie bei den Konventionen des Europarates könnte auch hier eine Dynamik entstehen, die andere Staaten, wann immer sie dazu bereit sind, mittun lässt, auch wenn sie am Anfang einem solchen Projekt skeptisch gegenüberstanden.

Willy Brandt würde heute sagen: »Wir müssen mehr Europa wagen!«.

Europa weiterzudenken heißt auch, über die Grenzen der Europäischen Union hinauszudenken. Eine große Freihandelszone mit etwa einer Milliarde Menschen könnte wirtschaftlich das Projekt Europa stärken und stark identitätsstiftend wirken. Diese Idee ist im dritten konzentrischen Kreis angedacht.

Dazu könnte es jedoch auch noch eine politische Dimension geben. Eine Kooperation zwischen der Europäischen Union und dem Europarat, also Unionsmitgliedern und Nichtmitgliedern, könnte die gemeinsame Wertebasis und Identität stärken und auch Konflikte lösen. Der von Emmanuel Macron ins Spiel gebrachte Sicherheitsrat für Europa könnte alle diese Staaten umfassen, und er könnte friedensstiftend wirken, etwa in der Ukraine und am Westbalkan. Man könnte in Sicherheits- und Migrationsfragen, im Bildungs- und Sozialbereich sowie in Wissenschaft, Forschung, Technologie und Ökologie stärker kooperieren. Und neben den EU-Gipfeltreffen auch Gesamt-Europa-Gipfeltreffen abhalten!

Emmanuel Macron nannte Russland eine europäische Macht, die ihren Platz in der Sicherheitsarchitektur des Kontinents haben müsse. Dies könnte auch dem nicht unrichtigen Eindruck der Russen entgegenkommen, dass die EU keine ihren Interessen dienende Nachbarschaftspolitik betreiben kann, weil sie zu sehr von amerikanischen Vorstellungen geleitet ist. Als einziger verbliebener Atommacht in der EU kommt Frankreich in Sicherheitsfragen besondere Bedeutung zu.

Folgt man allerdings Donald Tusk, nach dem Russland für Europa nicht ein strategischer Partner, sondern ein strategisches Problem ist, sieht man, wie lang der Weg der Selbstfindung Europas noch sein könnte …

Dieses »größere Europa« könnte in der G 7 und der G 20 entscheidende Initiativen setzen und damit auch weltpolitisch Positives bewirken.

Zu groß gedacht?

Im Gegenteil: In einer sich rasch verändernden Welt muss sich Europa ebenso rasch neu organisieren. Das sollte auch mit den Geboten der Vernunft und nicht nur unter akuten Bedrohungen wie der Finanzkrise 2008/09 möglich sein.

Brüssel ist für viele Europäer weit weg.

Wirklich weit weg sind Peking und Washington. Aber sie kommen uns immer näher. Und sie werden über uns bestimmen, wenn wir glauben, auf Brüssel verzichten zu können.

Wer will, dass sich die USA und China die Welt aufteilen, möge auf Europa verzichten!

2049. Es könnte das Jahr Europas sein, wenn es uns jetzt gelingt, aus strukturellen Schwächen strategische Stärken zu machen. Wenn wir uns nicht einer Lethargie zum Untergang hingeben, sondern der Freude am Möglichen.

12. ⭐

JETZT WEICHEN STELLEN!

»Wir haben ein offenes Zeitfenster. Wenn wir innerhalb der kommenden fünf Jahre zu keiner europäischen Position in der Welt finden, schließt sich dieses Fenster. Und dann sind andere da, die unseren Platz einnehmen.«

Worte von Günther Oettinger, damaliger Vizepräsident der Europäischen Kommission, im Gespräch mit mir.

Die anderen, die Oettinger meint, sind schon unterwegs. Mit atemberaubender Geschwindigkeit! Wer in Zeitintervallen von zwei Jahren China besucht, reibt sich verwundert die Augen und kann es kaum fassen, was sich in diesem Land tut und welche Aktivitäten dieses Land an so vielen Punkten der Welt setzt.

China ist mit Xi Jinping an der Spitze erstaunlich gut positioniert.

Wer ist dieser Mann, dieser große Gegenspieler Europas? Xi Jinping redet freundlich, ruhig, sympathisch, er findet kluge Worte über Zusammenarbeit, gemeinsame Vorteile und den Frieden.

Xi hat alle Macht in seiner Hand und einen klaren Plan im Kopf. Mehr Liberalität und Offenheit in der Wirtschaft Chinas sind mit ihm möglich, das Antasten des Herrschaftsmonopols seiner kommunistischen Partei ist es hingegen nicht.

Wie aber wird er in Konflikten reagieren? Lösungen mit Gewalt oder im Dialog? Tian'anmen-Platz oder Dialog à la Macron? Hongkong und Taiwan stehen auf der chinesischen Agenda.

Die Invasion in der Tschechoslowakei durch die damalige Sowjetunion hat den moralischen Zusammenbruch des Kommunismus besiegelt, dem das ideologische und staatliche Ende gefolgt ist.

Die blutige Intervention am Platz des Himmlischen Friedens vor drei Jahrzehnten ist in ihrer fatalen Wirkung noch heute gegenwärtig. Wie aber löst man diese Dialektik zwischen Dialog und Gewalt? Sucht Xi in dieser Dialektik nach einer Synthese?

Wir wissen nicht, wie die Entwicklung weitergehen wird. Was wir aber wissen: Sie wird 2049 stark beeinflussen!

Xi ist der Herausforderer Europas. Trump wird ihn nicht wirklich stoppen, denn Wirtschaftskriege sind nicht leicht zu gewinnen, sondern verursachen für alle Beteiligten nachhaltigen Schaden. Das aber kann sich auch Trump nicht leisten.

Russland sieht den Aufstieg Chinas mit Unbehagen, hat zwar riesige Ressourcen, kann diese aber nicht in eine erfolgreiche wirtschaftliche Performance umsetzen. Ohne eine solche steht jedoch auch eine Militärmacht auf tönernen Beinen.

Erdoğan ist in einer Sackgasse, in die er sich selbst manövriert hat. Seine große Vision einer Versöhnung des Abendlandes mit dem Morgenland ist durch ihn selbst gescheitert.

Argentinien und Brasilien haben mit großen inneren Schwierigkeiten und hoher Arbeitslosigkeit besonders unter der Jugend zu kämpfen. Sie haben gar keine andere Wahl, als sich mit Freihandel und Reformen so zu entwickeln, wie dies die pazifischen lateinamerikanischen Staaten Chile, Kolumbien und Peru erfolgreich bewiesen haben.

In einer vernetzten Welt sind Einzelgänger auf Dauer auf verlorenem Posten. Das ist ermutigend, auch wenn man wegen mancher Einstellungen und Handlungsweisen von politischen Führungspersönlichkeiten verzweifeln könnte.

So gesehen ist Globalisierung trotz mancher ernst zu nehmender Probleme kein Fluch. Das globale Netzwerk könnte die Welt zusammenhalten.

Die Bedeutung dieses Netzwerks, seine Möglichkeiten und Chancen hat China erkannt. Und es ist drauf und dran, auf diesem Klavier virtuos zu spielen.

Und Europa?

Europa hat seine vielleicht letzte Chance erhalten. Ein neues Parlament, eine neue Kommission, verbunden mit neuen Personen, Zielsetzungen und Strategien, stehen am Start. Wird die Chance genutzt?

Europa hat ein neues Gesicht: Ursula von der Leyen.

Ich kenne sie persönlich von den europäischen Jugendbeschäftigungsgipfeln der EU-Regierungschefs in Berlin, Paris und Mailand. Ich nahm als Vertreter der europäischen Wirtschaft teil und konnte sehen, wie diese Frau als Arbeitsministerin an der Seite von Angela Merkel sachlich kompetent und persönlich souverän konkrete Ergebnisse vorbereitete.

Dass sie jetzt das Gesicht Europas ist – ein äußerst sympathisches Gesicht unter den vielen Machos dieser Welt – ist eine Chance für Europa.

Auch mir ist klar, dass die institutionelle Wirkungsmöglichkeit einer Kommissionschefin begrenzt ist. Nicht umsonst beschäftigt sich dieses Buch auch mit der Frage, wie wir Handlungsfähigkeit gewinnen können.

Aber neben den eingeschränkten rechtlichen Möglichkeiten gibt es etwas, was vielleicht stärker als formale Kompetenz ist: die Kraft der Persönlichkeit!

Noch heute spricht Europa von Jacques Delors, der es seinerzeit als Kommissionspräsident verstanden hat, mit seinen Ideen, seiner Initiative und seiner Dynamik die Weiterentwicklung Europas zu befördern.

Kann Ursula von der Leyen ein weiblicher Jacques Delors werden? Eine Frau, die Visionen in Zielsetzungen und Zielsetzungen in konkrete Maßnahmen bringen kann?

Kann sie Chefin einer »Kommission der dynamischen Initiativen« werden? Eine Art »Leyen-Dynamo«?

Ich traue es ihr zu.

Vergessen wir die etwas mühsame Art ihrer Bestellung, für die sie selbst nichts kann. Mit ihrer brillanten Rede vor dem Europäischen Parlament hat sie auch zögerliche Abgeordnete überzeugt und deren Zustimmung erhalten.

Sie hat in ihrer Rede die wichtigen Themen unserer Zeit angesprochen. Und das schafft Bewusstsein und motiviert zum Engagement.

Ihr Team ist geschickt zusammengestellt. Die erfahrenen und profilierten Kommissionsmitglieder Frans Timmermans und Margrethe Vestager hat sie an prominenter Stelle positioniert und damit nicht nur Kompetenz, Seriosität und Mut in ihre Kommission geholt, sondern auch die Einbeziehung der größten politischen Kräfte erreicht. Auch ein von den Grünen kommender Kommissar ist mit dabei.

Das alles ist entscheidend für eine gedeihliche Zusammenarbeit mit dem Europäischen Parlament und dem Europäischen Rat – die Grundvoraussetzung für Erfolg angesichts der gewaltigen Aufgaben, denen sich die Europäische Kommission gegenübersieht.

Die ersten Schritte von der Leyens sind programmatisch und personell gut gelungen.

Dass mit Christine Lagarde eine versierte und kompetente Frau die Europäische Zentralbank führt, ist in Zeiten wie diesen ebenfalls von nicht zu unterschätzender Bedeutung. Lagarde könnte dazu beitragen, den Euro zur Weltwährung weiterzuentwickeln und damit die Unabhängigkeit Europas zu gewährleisten!

Mit den Worten von Ursula von der Leyen klingt das so: »Es gibt keine Herausforderung für Europa, die nicht mit den Stärken Europas bewältigt werden kann. Gemeinsam bewältigen wir Herausforderungen, mit denen jeder Einzelne von uns überfordert wäre. Die nächste Generation wird uns in 30 Jahren daran messen, ob wir heute Gestaltungsmut für morgen beweisen!«.

Damit könnten wirkliche Weichenstellungen in Europa in den kommenden fünf Jahren und damit in den Funktionsperioden von Kommission und Parlament vorgenommen werden, die die angestrebte Weiterentwicklung Europas ebenso wie das Eingehen globaler Kooperationen tatsächlich ermöglichen.

Europa hätte damit die Herausforderung Chinas erfolgreich angenommen und könnte dann wirklich feiern: seinen 100. Geburtstag im Jahr 2049!

EPILOG

Kann der Phönix ...??
Ja, er kann. Das ist sicher.
Aber will er auch? Das ist unsicher.
Wovon das abhängt?
Von uns selbst. Von unserer Bereitschaft, eine
schonungslose Analyse mit viel Selbstkritik an-
zunehmen. Und von unserer Fähigkeit, daraus
Konsequenzen zu ziehen.

Es hängt von unserer Bereitschaft und unserem Willen ab, auch nächsten Generationen ein
Europa zu übergeben, das lebenswert ist und
die Hoffnungen seiner Menschen erfüllen kann:

Ein Europa der Sicherheit, der Freiheit, der Demokratie.

Ein Europa der Bildung, Begabungen und Kultur.

Ein Europa der Wettbewerbsfähigkeit, Innovation und Kreativität.

Ein Europa des Wohlstands, der sozialen Sicherheit und der ökologischen Vernunft.

Ein Europa des Dialogs, der Toleranz und Menschlichkeit.

Zu viel verlangt?

Zugegeben: Der Preis dafür ist hoch. Er fordert weniger Bequemlichkeit, Saturiertheit und Selbstzufriedenheit. Er bedeutet Änderungen in unseren Einstellungen und Verhaltensweisen. Er verlangt weniger Ich-Denken und mehr Wir-Denken. Er fordert, Werte nicht nur zu deklarieren, sondern sie zu leben.

Nein, Europa gibt es nicht zum Nulltarif.

Ein Europa, das am Beginn des 3. Jahrzehntes im 21. Jahrhundert seinen Platz in der Welt einnehmen will, das seine Werte und seine Ansprüche verteidigen will, muss darum kämpfen.

Aber haben wir nicht gerade das verlernt? 70 Jahre Frieden waren uns geschenkt, Frieden entstanden aus dem europäischen Einigungsprozess. Dieser Friede ist uns so wie Freiheit und Wohlstand zur Selbstverständlichkeit geworden.

Aber Geschenke gibt es nicht mehr. Die Welt fordert Europa heraus, verlangt von uns Antworten, Handlungsfähigkeit, Strategien und Aktionen.

Verlangt wird von uns aktives Gestalten, nicht passives Zuwarten. Verlangt wird positives Engagement für ein historisch faszinierendes Projekt: die Einigung Europas.

»Gemeinsam bewältigen wir Herausforderungen, mit denen jeder Einzelne von uns überfordert wäre!«, so Ursula von der Leyen.

Wir haben unsere Trümpfe im Talon – warum zögern wir, sie auszuspielen?

Das Trumpf-Ass sind dabei unsere jungen Menschen. Sie sind demografisch in der Minderheit und damit in der politischen Willensbildung benachteiligt. Mental aber sind sie die Speerspitze für Erneuerung, Hoffnung und Zukunftsoptimismus.

Diesen jungen Europäern sei dieses Buch gewidmet. Sie können und werden ein einiges Europa gestalten in einer inspirierenden, faszinierenden und vibrierenden Zukunft.

Unsere jungen Europäer werden damit auch einen wesentlichen Beitrag leisten für eine friedliche Welt – ihre Welt!

Ihre Welt 2049!

ÜBER DEN AUTOR

Christoph Leitl, geboren 1949 – dem Grün-
dungsjahr des Europarates – in Linz, ist Unternehmer, war Mitglied der oberösterreichischen
Landesregierung und Präsident der Wirtschaftskammer Österreich. Als Präsident der Europäischen Wirtschaftskammer vertritt er heute 20
Millionen Unternehmen, er hat den Vorsitz der
Global Chamber Platform inne und ist Präsident
der Europäischen Bewegung Österreichs und
des Europäischen Jugendforums Neumarkt. Vor
allem ist er leidenschaftlicher Europäer.